누이에게

탐 철학 소설 21

싯다르타, 흰 고무신을 선물하다

초판 1쇄   2015년 5월 15일
초판 2쇄   2017년 12월 5일

지은이   문형렬

책임 편집   김필균
마케팅   강백산, 강지연, 김가연
디자인   땡스북스 스튜디오, 유민경
표지 일러스트   박근용

펴낸이   이재일
펴낸곳   토토북

주소 04034 서울시 마포구 양화로11길 18 3층 (서교동, 원오빌딩)
전화 02-332-6255 ｜ 팩스 02-332-6286
홈페이지 www.totobook.com ｜ 전자우편 totobooks@hanmail.net
출판등록 2002년 5월 30일 제10-2394호
ISBN 978-89-6496-264-0 44100
ISBN 978-89-6496-136-0 44100 (세트)

● 이 책의 사용 연령은 14세 이상입니다.
● 탐은 토토북의 청소년 출판 전문 브랜드입니다.

싯다르타,
흰 고무신을 선물하다

문형렬
지음

21

탐
철학
소설

탐

차례

부처님의 이야기를 써 달라는 청을 받고 저는 너무 쉽게 받아들였습니다. 어머니 배 속에서부터 절에 따라다녔고, 커서는 기자로 일하면서 곳곳의 절을 돌아다닌 바 있거니와, 가끔 경전을 읽고 귀동냥도 했기 때문이었습니다.

금방 쓸 줄 알았는데, 책상에 앉으니 한 줄도 쓸 수 없었습니다. 그사이에 계절이 두 번이나 바뀌고, 성실하게 살던 누이동생이 그만 세상을 떠나고 말았습니다. 경전에 이르시기를 "모든 것이 덧없고, 세상에 변하지 않는 것이 없다. 너는 누구에게도 의지하지 말고 네 자신에게 의지해서 진리를 등불로 삼아라."라고 하셨으나, 누이를 다시는 세간에서 볼 수 없다는 슬픔이 점점 커져서야 비로소 저는 알게 되었습니다. 그 말씀의 뜻을 한 조각도 실천하지 않았다는 것을. 괴로움의 현실을 아는 일도, 그 원인을 끊고 괴로움이 없어진 상태를 얻으려고도 하지 않고, 괴로움을 없애는 공부도 게을리 하면서 슬퍼하기만 했습니다. "너는 그것도 모르고 어찌 세상을 살고 있는가?"

하는 질책을 고스란히 받을 뿐이었습니다.

이제 글을 마치고 원을 세워 삼계의 모든 부처님께 삼가 올립니다.

이 글에 티끌만큼의 공덕과 그리움이 있어 세간에 깨달음의 뜻과 그 실천의 길을 한 줄이라도 전한다면, 이 모두 누이동생이 극락왕생하는 길에 바쳐지기를 원합니다. 누이의 소리 없이 착한 마음을 받아 주시어, 어둡고 괴로운 세계로 빠져들게 하지 마시고, 아팠던 기억도 환하게 밝히시고, 이 세상에 두었던 모든 인연과 업장들도 다 알도록 해 주시고 깨끗이 태워 주십시오. 그리하여 누이가 헤아릴 길 없는 복을 받아 극락왕생하기를 빕니다.

또한 이 글을 읽는 독자에게 삼가 올립니다.

위없이 높고 바른 지혜를 구하고자 세상에 온 한 사람의 생애와 말씀을 우리의 생활 속에서 만날 수 있다면 저에게는 더없는 기쁨이겠습니다. 또한 이것이 당신에게 큰 행복이기를 바랍니다. 언제나 어디서나 인연이 깊을수록 지혜와 그리움도 깊어지기를 기다려 봅니다.

2015년 봄날,

문형렬 합장

세 번째 봄

1

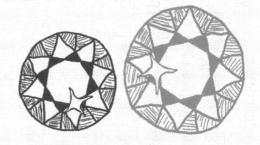

"흰 고무신을 신고 집에 가고 싶구나."

할머니가 병원 침대에 누워 선재에게 갑자기 흰 고무신을 사 달라고 했다.

선재는 반찬 가게 앞 감나무에서 딴 홍시를 할머니 입에 넣어 드리고 입가를 손수건으로 닦아 준 뒤 2층 창가에서 개울물을 보고 있었다. 할머니는 겨우 한 숟가락만 먹고 고개를 돌렸다. 창 너머 개울가에는 버들개지들이 망울망울 맺혀 있었다. 햇빛을 받은 개울물은 언제 얼음이 녹았는지, 선재의 어깨 위에 나풀거리는 단발머리처럼 반짝이며 찰랑찰랑 흘러가고 있었다.

개울물은 빠르게 흘렀다. 이제 긴 겨울이 끝나고 곧 봄이 온다는 신호였다. 집으로 돌아가고 싶다는 할머니의 목소리에는 설렘마저 묻어 있었다. 그렇지만 할머니는 걷지 못했고 할머니 발은 너무 작아서 발에 맞는 흰 고무신은 시장에서 팔지 않았다.

할머니가 갑자기 쓰러진 겨울날 새벽을 선재는 잊을 수 없었다. 두 사람은 고령 읍내 장터에 있는 반찬 가게에서 살았다. 가게 건물 앞에는 감나무가 한 그루 높이 솟아 있었다. 1층은 감나무 집 반찬 가게였고, 2층에는 할머니와 선재가 살았다.

늘 새벽에 일어나서 나무 불상 앞 물을 갈아 주고 절을 한 뒤 선재의 잠을 깨우고 밥을 챙겨 주는 할머니가, 2층 마루에서 절을 하다가 그만 쓰러져 버린 것이다. 마루 옆 개집에 웅크리고 앉아 있던 달이가 쓰러진 할머니를 보고는 잠든 선재의 얼굴을 핥아서 깨워 주었다. 달이도 나이가 드니 새벽잠이 없어진 것이다. 선재는 얼마나 놀랐는지 모른다. 구급차가 와서 할머니를 싣고 병원으로 갔다.

처음 할머니가 병원에 입원했을 때 의사는 할머니 머릿속의 혈관이 터져서 그렇다고 했다. 조금만 늦었으면 아주 위험할 뻔했다는 것이다. 선재는 할머니가 병원에 입원한 동안 혼자서 반찬 가게를 꾸려 나갔다.

이제 할머니는 입원한 후 세 번째 봄을 맞이하고 있었다. 선재는 걷지도 못하는 할머니가 흰 고무신을 사 달라고 하는 말을 들으니 마음이 아팠다. 처음 병원에 입원했을 때는 말도 못 하고, 손발도 움직이지 못하고 선재를 알아보지도 못했다. 시간이 갈수록 조금씩 손가락을 움직이고 말도 하기 시작했지만 내내 걸음을 걷지는 못했다.

선재는 낮에는 반찬을 만들고 팔아야 했기 때문에 아침과 저녁,

할머니 병원에 가서 팔과 다리를 주물러 주고 할머니에게 들은 이야기를 해 주었다. 할머니는 그저 고개를 갸우뚱하며 선재의 얼굴이 낯설다는 듯이 말했다.

"아가씨는 누구신데 이렇게 날마다 찾아와서 팔다리도 주물러 주고 그러시오. 참 고맙기도 하지."

"할머니, 저는 선재라고 해요. 금방 저를 알아보실 거예요. 할머니 심심하시지요?"

"누워서 하루 종일 천장만 보고 있으니 심심하지. 아가씨가 일으켜 세워 주면 창밖도 보고 그러고 있소. 개울 건너 신작로 따라서 시장으로 걸어가면 금방 우리 집이 나와요. 그런데 누구시오? 아무리 생각해도 모르겠네……."

할머니는 고개를 갸웃갸웃했다. 선재는 20년을 함께 살아온 할머니가 손녀를 알아보지 못한다는 게 슬펐지만 환하게 웃어 주었다. 의사는 할머니가 늘 해 왔던 일을 자꾸 이야기해 주면 기억이 돌아올 수 있다고 했다.

선재는 얼른 말머리를 돌렸다.

"할머니, 이 이야기 들으면 제가 누군지 생각나실 거예요. 할머니가 제게 해 주었던 이야기를 이제 제가 들려 드릴게요. 붉은 구슬, 흰 구슬 이야기……!"

선재는 자라면서 할머니에게 들은 이야기를 하기 시작했다. 선재가 이야기할 때면 어느새 병실에 있는 다른 할머니들도 귀를 쫑긋 기울이고 들었다.

"옛날에 아주, 아주, 아주 큰 부자가 살았어요."

선재는 세 번이나 한껏 팔을 둥글게 벌렸다. 그러면 할머니와 병실의 다른 할머니들이 선재가 움직이는 팔을 따라 얼굴을 움직였다. 처음에는 아주 작은 목소리로 시작한 이야기였지만 할머니에게 들려줄수록 선재의 목소리는 크고 둥글게 병실 안으로 번져 나갔다.

"얼마나 큰 부자였느냐면, 광에는 쌀이 넘치고 보석함에는 온갖 패물이 가득 차 있었어요. 날마다 기름진 음식을 만드는 냄새가 진동해서 10리 밖에서 어슬렁거리는 강아지까지 입맛을 쩝쩝 다시며 낑낑거리게 했어요."

선재는 자기도 모르게 입안에 가득 고이는 침을 꼴깍 삼켰다. 그러자 병실 안에서는 여기저기서 침을 삼키는 소리가 났다.

"그 집의 광이 얼마나 넓고 큰지, 가뭄이 들어도 부잣집 창고에는 늘 곡식이 가득 차 있었어요. 운도 좋아서 아무리 큰 홍수가 나도 부잣집의 논과 밭, 곡식은 떠내려가지 않았어요. 부자는 세상에 부러운 게 하나도 없었어요. 수많은 재산에다 아리따운 아내도 있었고 아들 둘에다 이쁜 딸까지 있었으니 마을 사람들은 다들 그를 부러워했어요. 또 일 잘하는 곰보 머슴도 있었답니다. 이 곰보 머슴은 부자가 무슨 일을 시키기도 전에 늘 먼저 그 일을 해 두었어요. 비가 오기 전에 마당에 널어놓은 곡식을 광에 차곡차곡 넣어 두고, 잡초가 자라기 전에 미리 고구마 밭의 풀을 다 뽑아 버렸지요. 그뿐인가요. 아침 일찍 마당을 쓸어 놓고, 부자가 일어나면 낯을 씻을 세숫물을 떠다 놓고 그 옆에서 수건을 받쳐 들고 기다렸습니다. 부자는 곰보 머슴이 아무리 열심히 일해도 구박하기가 일쑤였어요. 이렇게요!

'물이 왜 이렇게 미지근하냐!'

'마당에 나뭇잎이 두 개 굴러가는구나!'

'잡초가 세 개나 밭에 남아 있는데 풀 뽑기를 다 했다니? 도대체 눈은 어디다 두느냐!'

부자가 호령을 내리면 곰보 머슴은 가마솥의 뜨거운 물을 대야에 더 부어서 세숫물을 따뜻하게 하고, 얼른 달려가 마당의 나뭇잎을 줍고, 밭의 잡초를 뽑았어요. 세상에 다시 보기 어려울 정도로 곰보 머슴은 정말 정말 정말 착했어요."

선재는 또 두 손을 세 번 크고 둥글게 벌렸다.

그쯤 이야기하면 할머니는 입을 벌리고 "그래, 그래. 착하기도 하지." 하고 움직이지 못하는 손을 들어 박수라도 칠 듯했다. 다른 할머니들도 "하이고, 착하기도 하지." 하고 합창하듯 소리 내었다.

"아, 할머니! 할머니! 팔이 조금 움직였어요!"

선재는 중풍으로 쓰러진 뒤 움직이지 못했던 할머니의 팔이 이야기를 들으면서 조금 들어 올려지는 것을 보았다. 발가락도 꼼틀했다. 선재는 할머니의 두 손을 꼭 쥐고는 이야기를 계속했다. 그 이야기는 할머니에게서 들은 이야기들이었지만 선재가 이야기하면 할머니는 처음 듣는다는 듯 눈을 동그랗게 뜨고 귀를 쫑긋 기울였다.

"부자의 재산은 자꾸만 늘어서 곡식 창고를 해마다 하나씩 지어야 했어요. 그런 어느 날, 갑자기 부자에게 저승사자가 찾아왔어요.

저승사자는 말했어요.

'너는 이제까지 한세상 잘 살았으니 그만 이 세상을 떠나야 한다.'

그 말은 부자가 이제 수많은 재산과 가족을 두고 그만 죽어야 한다는 뜻이었어요. 그러자 부자는 저 많은 재산을 두고 가려니 너무 아까웠습니다. 또 이쁜 아내를 두고 갈 수도 없었고 자식들을 혼인시켜서 손자를 보는 재미도 누리지 못했으니 죽기가 싫어서 저승사자에게 애원했답니다."

"에고 그렇지, 자식도 눈에 밟히고 그 많은 재산 두고 가기 아깝지. 나라도 가기 싫겠다." 옆 침대에 누운 틀니 할머니가 말하자, "그렇지, 그렇지." 하고 이야기를 듣는 다른 할머니들도 크게 소리 내었다. 병실 안에 누운 할머니들은 전부 열네 사람이었다. 할머니 둘은 코에 고무호스를 꼽고 있었다.

"그렇지요, 그렇지요?"

선재는 할머니들에게 물으며 이야기 속으로 자신도 모르게 슬슬 빠져들어 갔다. 어려서부터 수도 없이 들은 이야기였다. 할머니가 이야기를 들려주면 2층 창가에서 감나무도 이야기를 듣고 싶어 하듯 가지를 길게 창 안으로 들이미는 듯했다. 바람이 세차게 불어서 창문이 덜컹거려 선재가 잠을 못 이루는 날에는 할머니가 선재 머리를 쓰다듬으며 잠들 때까지 옛날이야기를 해 주었다.

"부자는 저승사자에게 사정했어요.

'제발, 자식들이 시집 장가를 가고 손자를 안아 볼 때까지만 살게 해 주십시오. 이렇게 무릎 꿇고 빕니다.'

부자는 저승사자 앞에 털썩 무릎을 꿇고는 저승사자의 검은 도포 자락을 잡고 엉엉 울었어요.

그렇지만 저승사자는 사람은 태어나면 누구나 다 한 번은 죽기 마련이고, 부자는 아주 행복하게 살아서 죽는 날을 더 미룰 수 없다고 말했어요. 그래도 부자가 엎드려 비는 모습이 하도 가여워서 한 가지 제안을 했어요.

'이 집 사람 가운데 누구든지 한 사람이라도 너와 같이 저승으로 가겠다고 따라나서는 이가 있다면 너의 소원을 들어주겠다.'

저승사자는 아무도 부자와 함께 죽고 싶어 하지 않는다는 것을 알기 때문에 그런 제안을 했지요. 그러자 부자는 떨 듯이 기뻐했어요. 손끝에 물도 안 묻히고 늘 멋진 옷을 입고 맛있는 음식을 먹고, 행복하게 살게 해 준 아내는 물론이거니와 제 몸보다 더 아껴 온 자식들도 부자를 따라 같이 나설 것이라고 믿었기 때문이지요.

부자는 먼저 아내에게 말했어요. 자기와 저승을 같이 가자고 사정을 하자 아내는 딱 잘라서 거절했어요.

'내가 당신을 따라가면 저 많은 재산을 누가 지키겠어요? 자식들 혼사는 누가 치르고요? 나는 아직 여기 남아서 할 일이 많아요. 그러니까 갈 수 없어요. 남은 일은 내가 알아서 잘할 테니까 걱정 말고 당신 혼자 편히 가세요.'

아내는 냉정하게 말했어요.

부자는 서운했지만 그래도 자식들은 그러지 않을 것이라고 믿었어요. 그는 아들 둘, 딸 하나를 불러 놓고 누구 한 사람이라도 따라가자고 말했어요. 그러나 자식 셋 아무도 아버지와 같이 가겠다고 나서지 않았어요.

자식들은 서로 아버지를 따라가라고 미루면서 다들 이렇게 말했어요.

'아버지는 살림도 넉넉하게 지녀서 즐겁고 행복하게 오래 살았지만 아직 우리는 살아야 할 날이 아버지보다 훨씬 더 많습니다. 어떻게 같이 갈 수가 있겠습니까? 젊은 자식에게 함께 저승길을 따라가자고 하는 것은 아버지의 도리가 아닙니다. 또 아버지가 남긴 저 많은 재산을 불려서 몇 배나 늘려야 하니 아버지를 따라가고 싶어도 갈 수가 없습니다.'

부자는 눈앞이 캄캄해졌어요.

믿었던 아내와 자식들도 다 소용이 없구나 싶었어요. 이제 남은 사람은 곰보 머슴밖에 없었지요. 부자는 늘 그를 구박하고 일만 시키면서 먹다 남은 음식만 준 터라 아무 기대도 하지 않았지만 혹시나 싶어서 마지막으로 곰보 머슴에게 말했어요.

그러자 곰보 머슴은 뜻밖에도 부자의 두 손을 잡으며 말했어요.

'제가 주인님 덕에 그래도 굶지 않고 살아왔는데 어찌 주인님 가시는 길을 따라가지 않겠습니까?'

부자는 그 말을 듣는 순간 눈앞에 벼락이 치는 것처럼 정신이 번쩍 들었어요. 눈물도 쑥 들어갔어요. 이 말을 듣고 정말 놀란 사람은 부자라기보다 저승사자였어요. 가족들도 따라가지 않겠다고 하는 저승길을 부자에게 욕만 얻어먹고 일만 뼈 빠지게 한 머슴이 조금도 망설이지 않고 따라나서겠다고 했으니 말이지요.

저승사자가 말했어요.

'이 집 사람 가운데 비록 가족은 아니지만 곰보 머슴이 따라나서 겠다고 했으니 약속대로 해 주겠다. 이제 너는 자식이 결혼하고 손자들 재롱도 보고 이 많은 재산과 함께 오래오래 잘 살아라.'

저승사자가 그렇게 말하고는 돌아서는데, 부자는 얼른 저승사자의 검은 옷자락을 잡고 급히 소리쳤어요.

'아닙니다, 저승사자님. 이제야 제가 얼마나 헛되게 살았는지 알겠습니다. 꽃 같은 마누라도 소용없고, 눈에 넣어도 아프지 않은 자식도 다 소용없는 줄 미처 몰랐습니다. 날마다 구박만 해 온 머슴이 소중한 줄도 모르고 살았으니 더 살아서 무엇하겠습니까? 차라리 혼자서 저승사자님을 따라가겠습니다.'

'별일 다 보겠구나. 갑자기 네 마음이 변했느냐?'

저승사자는 부자 마음대로 하라고 했습니다.

부자는 곰보 머슴의 손을 잡고는 닭똥 같은 눈물을 흘리며 작별 인사를 했어요.

'이보게, 내가 못난 놈일세. 이렇게 보석 같은 사람을 바로 곁에 두고 알아보지 못했으니 미안하기 헤아릴 길이 없네. 부디, 이 몸을 용서하시게나.'

부자는 가족들을 불러 재산의 반을 곰보 머슴에게 준다고 말하고는 그 문서를 적어 곰보 머슴에게 주었어요. 곰보 머슴은 받지 않으려 했지만, 부자는 그 손에 쥐여 주고 저승사자의 옷깃을 잡아끌며 재촉하듯이 빨리 길을 떠나자고 했어요. 부자가 재촉하는 바람에 할 수 없이 저승사자는 부자를 데리고 염라대왕 앞으로 갔어요.

염라대왕이 부자를 보더니 혀를 쯧쯧 차며 말했어요.

'그 많은 재산, 한 푼도 가져올 수 없다는 것을 너는 몰랐느냐? 너는 굶주린 이들에게 베풀지도 않았구나. 그저 가족들만 배불리 먹이면 된다고 생각했는데, 막상 죽음 앞에 이르면 가족들도 다 등을

돌리는 것을 어찌 몰랐더냐?'

'다 저의 잘못이니 지난날에 더 무슨 미련이 있겠습니까. 아무도 함께 가지 못하는 길을 그 못난 머슴이 따라나설 줄 미처 모르고 구박이나 했으니 차라리 지옥에나 가 있겠습니다.'

부자는 염라대왕 앞에 엎드려 펑펑 울었어요.

그러자 염라대왕이 말했어요.

'이제라도 알았으니 다행이구나. 곰보 머슴에게 재산의 반을 나누어 주었으니 지옥으로 보내지는 않겠다. 너는 미욱한 놈이니 다음 생에는 곰으로 태어나거라.'

그래서 부자는 곰으로 태어나 태백산 줄기, 바다가 보이는 절 뒷산에 살게 되었어요. 이 곰은 곡식이 창고에 그득하기만 해서 걱정 없었던, 예전에 부자로 살던 버릇이 아직 남아 있었는지 겨울잠을 자기 위해 열심히 먹어 두지 못했고, 겨울잠을 잘 자리도 제대로 마련하지 못했어요. 겨우 눈과 비바람을 피할 동굴 하나를 보아 두었을 따름이었지요. 눈이 사정없이 퍼붓는 날, 곰은 너무 배가 고파서 산중턱에 있는 절 마당까지 내려갔어요. 먹을 것을 찾아 절 마당 이곳, 저곳을 기웃거리는데, 누군가 곰 앞으로 누룽지를 쑥 들이밀었어요. 배가 고픈 김에 누룽지를 덥석 받아 든 곰이 고개를 들어 보니 머리 위에 눈을 뒤집어쓴 곰보 스님이 그를 향해 두 손을 가슴에 모으며 고개를 숙이고 있었어요. 곰은 어디선가 곰보 스님을 본 듯 낯이 익다 싶었지만 얼떨결에 앞발을 모아 곰보 스님에게 합장을 했어요."

선재가 이야기를 하면 병실로 들어온 노인 병원의 의사와 간호사, 그리고 간병사 들도 귀를 기울이곤 했다. 선재는 할머니가 자신을 알아볼 수 있으리라는 생각에 더 열심히 이야기를 했다.

"곰이 합장을 하느라 앞발을 모으는 바람에 그만 누룽지가 눈 쌓이는 바닥에 떨어졌어요. 곰보 스님이 씩 웃으며 누룽지를 주워서 다시 곰에게 주었어요. 그 뒤로 곰은 배가 고프면 절로 내려갔어요. 곰보 스님은 삶은 옥수수와 찐 감자, 군고구마도 주었어요. 어떤 날은 백설기를 얻어먹을 때도 있었지요. 곰은 배불리 얻어먹는 재미에 절로 내려오는 횟수가 점점 많아졌어요. 한나절을 절에서 놀다가 산기슭 동굴로 올라가기도 했지요. 겨울이 점점 깊어 가면서부터 곰은 절로 내려와 먹을 것을 얻어먹고는 곰보 스님이 가부좌를 틀고 참선에 들어가면 그 뒤에 앉아 눈을 지그시 감고 생각에 잠기듯 참선하는 흉내를 내었어요. 그리고 웅얼웅얼하며 스님들이 외우는 염불 한 가락을 따라 외우기도 했어요.

봄이 오자 산에 쌓여 있던 눈이 녹기 시작했어요.

흰 눈이 녹아서 맑은 물이 되어 개울가로 흘러갔어요. 나무마다 새싹이 돋아서 산에는 다시 먹을 것이 많아지고 곰은 더 이상 절로 찾아갈 일이 없어졌지만 겨우내 절에 가서 흉내 내던 참선과 염불을 따라 웅얼거리는 것은 그의 버릇이 되어 버렸어요. 곰은 새싹을 훑어 먹으며 지난겨울에 들었던 반야심경 끝줄을 흥얼거렸지요.

'아제 아제 바라아제 바라승아제 모지 사바하.'

산 메아리로 울려 퍼지는 곰의 염불 소리를 아무도 알아듣지 못했지만 겨우내 먹을 것을 주었던 곰보 스님만이 알아듣고 빙그레 웃었습니다.

나무들이 키가 불쑥불쑥 자라는 봄날, 새싹을 훑어 입에 넣고 염불을 외우는데, 곰은 머리가 어질어질했어요. 갑자기 곰은 절에 가 보고 싶었어요. 곰은 절로 내려가 요사채 툇마루에 가만히 기대어 눈을 감더니 그만 숨을 거두고 말았어요."

곰이 숨을 거두었다고 말하자 병실 안에서 혀를 차는 소리가 물방울처럼 일어나 퍼져 나갔다.

"아가씨는 누군데 이리 이야기를 잘해요? 참 이상하네. 아주 오래전에 들었던 이야기 같기도 하고. 내가 박수라도 쳐야지."

할머니가 박수를 칠 듯 손을 움찔거렸다. 선재는 할머니의 두 손을 모아서 마주 부딪치게 했다. 그러자 다른 할머니들이 손바닥을 치고 혀를 차면서 "아이고 그 곰 참, 희한한 곰이네." 하고 말하는 소리가 여기저기서 들렸다. 어떤 할머니는 빨리 그 뒤 이야기를 해 달라고 졸랐다. 같은 이야기를 몇 번이나 되풀이해도 병실의 할머니들은 그다음 이야기를 또 듣고 싶어 했다.

그렇게 이야기를 되풀이하던 어느 날이었다. 이야기를 듣고 있던 할머니가 선재의 이야기를 받아서 말하기 시작했다.

"그 뒤 이야기는 나도 잘 아는 이야기인데, 내가 해 봐도 되겠소?"

"그럼요, 할머니."

선재가 손뼉을 쳤다.

"그래, 그래. 곰이 죽자 곰보 스님은 큰 장작을 모아 곰을 화장해 주었어. 장작이 다 타고 나자 그 속에서 붉은 다이아몬드로 만들어진 주먹만 한 구슬 하나가 남아 있었지. 곰보 스님은 붉은 구슬을 부처님 앞에 올려다 두었어. 밤이면 그 속에서 장작 불꽃 같은 빛이 새어 나왔단다. 그런 어느 날, 그 절에 몸집이 크고 기운도 센 행자 스님이 찾아왔어. 곰처럼 미련하게 생겨서 다들 곰 스님이라고 불렀지. 손바닥은 얼마나 크고 넓은지 몰라. 곰 스님은 힘이 세서 장작도 패고, 나무도 해 오고 다른 스님들 빨래도 도맡아 했단다. 아침에는 밥을 짓고 산 밑에서 쌀가마니를 지고 오기도 했어. 밤에는 늘 아궁이에 불을 때고 반야심경 한 줄만 열심히 외웠단다."

그러자 병실 안에 있던 할머니들이 자주 들었던 이야기를 기억하는지 일제히 곰처럼 염불 한 줄을 외우기 시작했다.

"아제 아제 바라아제 바라승아제 모지 사바하."

선재에게 이야기를 들려주던 때와 같이 할머니는 함박꽃처럼 웃으며 이야기를 이어 나갔다.

"곰 스님은 아궁이에 불을 때며 염불을 외우다가 옷에 장작불이 옮겨붙는 줄도 몰랐단다. 바지에 불이 붙어서 발을 태우는 줄도 모르고 염불만 외웠어. 머리가 하얗게 센 곰보 스님은 그 염불 소리가 귀에 익어서 소리가 들리는 아궁이 앞으로 와 보고는 부지깽이를 집어 그의 머리를 냅다 때리며 이렇게 소리쳤단다.

'이 미련한 곰아! 네 발이 타는 줄도 모르느냐?'

그 순간 곰 스님의 눈앞이 확 열리며 오래 오래전의 부자 얼굴과 눈 덮인 겨울 산을 내려와 염불을 따라 하던 곰의 모습이 확 지나갔지. 그는 벌떡 일어서서 바지에서 웃옷 자락으로 번져 나가던 불을 끌 생각도 하지 않고 소리쳤단다.

'천 번이나 태어나고 만 번이나 죽음이여, 이 일을 언제 다 하려는지 오고 가며 무거운 짐만 더하더니 이제 큰일을 마쳤구나!'

곰보 스님이 불꽃 속에 우뚝 서 있는 그를 보며 빙그레 웃고 있었단다. 타오르는 불길 속에는 곰 스님이 환하게 웃고 있었고 그 불꽃이 다 사라진 뒤에는 흰 다이아몬드로 만든 구슬이 하나 남아 있었단다."

이야기를 마친 할머니는 긴 숨을 내쉬고 작은 두 주먹을 꼭 쥐어 보였다. 손바닥 안에 붉고 흰 다이아몬드 구슬 두 개를 하나씩 감추고 있기나 한 듯이. 입원한 이후 처음으로 할머니는 손가락을 움직여 주먹을 꼭 쥐고 있었다.

선재는 할머니에게 물었다.

"할머니, 이제 제가 누군지 생각나세요?"

할머니는 고개를 흔들었다.

"몰라, 누군지⋯⋯."

선재는 처음 할머니에게 그 이야기를 들었을 때처럼 또 물었다.

"제가 누군지 못 알아봐도 괜찮아요. 그런데 할머니, 어떻게 사람이 붉은 구슬, 흰 구슬이 되었나요?"

"우린 다 붉은 구슬이고 흰 구슬이지."

"그러면 곰보 스님은 어떻게 되었나요? 그 뒤 이야기를 해 주세요."

"그건 말이다. 우리 집에 있는 나무부처님한테 물어봐야지."

"나무부처님은 생각나세요?"

할머니는 고개를 끄덕였다.

그렇게 할머니는 아주 조금씩 기억이 돌아와 다시 선재를 알아보았고 그러다가 갑자기 알아보지 못할 때도 있었다. 손끝과 발끝이 새싹이 돋듯 조금씩 움직이기 시작했지만 내내 걷지는 못했다. 그리고 앉아 있는 일도 점점 힘에 겨운 듯했다. 의사는 할머니가 사람을 알아볼 때도 있고 못 알아볼 때도 있다며 연세가 너무 많아 기력이 마지막 타오르는 촛불 같다고 했다. 할머니는 일흔아홉 살이었다.

2

달이, 나무 불상,
감나무 집
반찬 가게

그때가 언제였을까.

선재가 초등학교에 입학하기 전날, 할머니와 함께 1학년 교과서를 받아 왔다. 선재는 할머니에게 마구 투정을 부리고 울었다.

"왜 다른 친구들은 엄마, 아빠하고 같이 오는데 나는 할머니밖에 없는 거예요? 다른 아이들이 부모가 없다고 놀리면 어떻게 해요? 학교도 가지 않을 거야. 밥도 먹지 않을 거야!"

"착한 선재가 달이하고만 놀다가 학교 가려니 무서운 모양이구나. 저기 나무부처님이 걱정하지 말라고 하시는구나."

"할머니는 뭐든지 나무부처님에게 다 미뤄요. 말을 할 줄도 모르고 같이 놀아 줄 줄도 모르는데 그게 무슨 소용이 있어요. 정말 할 수 있다면 지금 당장 엄마 아빠 찾아서 오라고 부탁해 봐요."

"선재야. 누구든지 그렇단다. 한 번 이 세상을 떠나 하늘로 가면 누구도 돌아오지 않는단다. 그렇지만 그리워하는 마음은 하늘이나 땅이나 똑같다. 나무부처님이 그렇게 말씀하시네."

"싫어요. 그런 말은 할머니한테 날마다 들었어요. 그게 무슨 소용이 있어요. 아무 소용없어요."

선재는 새로 받은 교과서를 집어 던지고 징징 울다가 마침내는 목이 쉬어 버렸다. 그때 할머니가 들려주었던 이야기가 붉은 구슬과 흰 구슬-부자와 곰, 곰 스님에 대한 이야기였다.

선재는 어려서부터 할머니가 들려주는 이야기를 듣고 자랐다. 할머니는 이야기를 하기 전에 장독 안에서 큰 홍시를 한 개 꺼내어 먼저 선재에게 주었다. 선재는 홍시를 아주 좋아했다. 홍시만 보면 울음을 뚝 그칠 정도였다.

할머니는 학교에 가기 싫다고 울다가 지친 선재를 무릎에 앉히고는 홍시 속을 숟가락으로 떠서 입에 넣어 주며 붉은 구슬, 흰 구슬 이야기를 나지막이 들려주었다. 할머니는 이야기를 하며 탁자 위에 올려 둔 나무 불상을 보곤 했다.

할머니의 이야기를 듣고 나면 선재는 늘 똑같이 물었고 할머니는 똑같이 대답했다.

"어떻게 사람이 붉은 구슬, 흰 구슬이 되었나요?"

"그건 말이다. 우리는 다 붉은 구슬이고 흰 구슬이란다."

"그런 게 어디 있어요? 할머니는 할머니고 선재는 선재지, 어떻게 구슬이 될 수 있어요?"

"저기 나무로 만든 부처님이 고개를 끄덕이시는구나."

"할머니는 대답 못 하면 늘 나무부처님이 그런다고 하세요."

"아니란다. 정말 그렇단다. 너에게 말해 주라고 부처님이 내게 말씀하신단다."

"정말? 그럼 왜 제게는 아무 말씀도 안 하시는데요? 아무 소리도 들리지 않아요."

할머니는 손바닥을 동그랗게 오므려 두 귀에 대더니 선재에게 말했다.

"기다려 보면 네게도 들린다는구나."

할머니는 선재의 질문에 말문이 막히면 나무 탁자 위에 올려 둔 나무 불상을 보며 말하곤 했다.

"그렇지요, 나무부처님? 해맑은 우리 선재 마음을 저보다 더 잘 아시지요?"

그러고는 고개를 끄덕이며 선재에게 말했다.

"이렇게 고개를 끄덕이시는구나."

"그다음 이야기는 어떻게 되었어요? 곰보 스님은 어디로 갔지요? 붉은 구슬, 흰 구슬은 어디에 있나요?"

"저기 나무부처님이 다 아신단다."

할머니의 이야기 끝은 언제나 나무 불상에 이르렀다. 할머니가 선재에게 재미난 이야기를 할 때면 달이도 옆에 와서 듣고 있었다. 강아지였던 달이도 선재의 집에서 할머니의 이야기를 들으며 나이가 들었고, 턱에 흰 수염이 슬슬 났다. 선재를 따라 강둑을 달리던 달이는 움직임도 조금씩 느려졌고 눈이 잘 보이지 않는지 문에 잘 부딪히기도 했다.

선재가 초등학교를 가기 전날. 할머니는 붉은 구슬, 흰 구슬 이야기 끝에 어떻게 나무 불상과 달이가 집으로 오게 되었는지를 선재에게 말해 주었다. 선재에게 하늘나라에 있다고 했던 부모 이야기도.

"이제 너도 학교에 가니 알아야 한다. 그날이구나……. 엄마 아빠가 너를 데리고 모처럼 배를 타고 멀리 바다 건너 섬으로 놀러 갔어. 아빠는 반찬과 점심 도시락을 배달하고 엄마와 할머니는 반찬을 만들었단다. 엄마와 아빠는 한 번도 놀러 간 적이 없었지. 우리는 하루도 쉬지 않고 일했단다. 그때 우리는 가게가 없어서 시장 바닥에 좌판을 놓고 반찬과 점심 도시락을 팔았어. 우리는 열심히 돈을 모아서 마침내 시장 안에 작은 반찬 가게를 세를 얻어 들어갔단다. 그때 할머니가 네 엄마 아빠에게 말했지. 너희, 쉬지 않고 일했으니 단풍놀이 삼아 멀리 가을 바다 구경도 하고 섬 구경도 하고 오라고. 너는 갓 돌이 지났을 때였지. 반찬 가게는 나 혼자 지키고 있었어. 그런데 돌아오는 길에 바다에서 그만 배가 가라앉았단다. 엄마 아빠는 구명조끼를 너에게 두 개나 입히고 물에 가라앉을 때까지 너를 물 위에 받쳐 들고 있었단다. 할머니는 그 전날 저녁에 섬 구경을 잘하고 다음 날 돌아온다는 네 아빠 전화를 받았지. 그런데 그다음 날 아침에

육지로 돌아오던 배가 파도에 가라앉았다는 소식을 들었어. 발만 동동 구르며 가게를 지키고 있는데, 그날 저녁 무렵 어떤 스님이 바랑에 강아지를 한 마리 넣고 반찬 가게를 찾아와서는 염불을 하며 강아지가 밥을 못 먹어서 그러니 먹을 것을 주면 좋겠다고 하시더구나. 나는 강아지 밥을 주면서 스님도 몹시 시장한 듯이 보여서 묻지도 않고 저녁 식사를 차려 드렸단다. 맘속으로는 너희가 살았는지 죽었는지 알 수 없어서 가슴이 까맣게 탔지만, 눈앞에는 먼 길을 걸어왔는지 먼지를 뿌옇게 뒤집어쓰고 입술이 하얗게 갈라진 스님이 배고픈 듯 서 있었으니 말이다. 그런데 이상하게도 밥을 먹고 난 강아지가 스님이 불러도 가지 않고 가게 문 앞에 쪼그려 앉아 있는 거야. 스님은 달이가 이 집이 마음에 드는 모양이라며 달이를 두고 갔어. 태어난 지 얼마 안 되었다고 하면서 말이다. 이름도 달이라고 알려 주셨지. 저기 하늘에 있는 둥근 달을 보고 이름을 지었다고 하시더구나. 그러고는 나무부처님을 바랑에서 하나 꺼내어 주면서 이런 말씀을 하셨단다. 지금도 잘 기억이 나는구나.

'한 해, 두 해 갈수록 이 나무부처님도 조금씩 늙어 갑니다. 저의 스승님께서 저에게 넘겨주실 때에는 어린 모습이었는데 세월이 갈수록 나무부처님이 나이가 들어 보인다고 하셨습니다. 저는 구름처럼 떠다니는 몸이어서 잘 간직할 수 없으니 부디 잘 모셔 주십시오.'

나는 소중하게 지녀 온 이 귀한 불상을 받을 수 없다고 했지만 스님은 이런 말씀을 하셨단다.

'이제 이 나무부처님이 계실 곳은 여기입니다. 할머니는 무언가 가슴이 너무 불안하고 슬퍼 보이는데도 이 탁발승과 우리 달이에게 정성 들여서 만든 귀한 저녁을 내놓으셨습니다. 할머니는 환한 얼굴로 우리를 대하고, 먼 길을 걷느라 힘들었겠다고 위로의 말씀도 하셨고, 우리를 반갑게 맞아 주셨습니다. 우리를 맞이하는 눈빛도 따뜻하고, 달이와 낯선 저에게 집 안의 자리를 내어 주고도 아무것도 묻지 않으셨으니 우리의 마음이 얼마나 환했는지 모릅니다. 아무것도 가진 것이 없어도 세상을 환하게 할 수 있다는 일곱 가지 베푸는 마음 씀씀이를 오늘 여기서 다 봅니다.'

달이와 나무부처님을 스님으로부터 받은 날, 다행히 너는 살아서 돌아왔지만 네 엄마 아빠는 바다에서 돌아오지 못했다. 너는 너무 어려서 기억에도 없지. 할머니가 그 보상금을 받아서 네 앞으로 시장에 점포가 달린 이층집을 사서 반찬 가게를 다시 열었단다. 가게 앞에 감나무가 한 그루 있어서 감나무 집 반찬 가게라고 했지. 감나무 옆에는 장독대를 둘러놓고 장독대를 빙 돌아가며 꽃도 심었어. 달이는 그때부터 우리 집에서 같이 살았단다. 선재야, 너도 학교를 가니 알아야 한다. 울고만 있을 수는 없는 일이다, 그렇지……?"

그날 할머니는 담담하게 말하며 선재와 나무 불상을 번갈아 보았다. 달이가 할머니 곁에 앉아서 가만히 이야기를 듣고 있었다.

3

흰 고무신을 찾아서

할머니는 자꾸만 흰 고무신을 사 달라며 감나무 옆에 빙 둘러 심어 둔 밤꽃처럼 웃기만 했다.

"정말이요, 할머니? 흰 고무신만 신으면 일어서서 걸으실 수 있겠어요?"

"그렇단다. 흰 고무신을 사다 주면 그것을 신고 걸어갈 수 있겠구나."

"그럼요, 할머니. 할머니 신발 크기를 아주 잘 알고 있어요. 그러면 금방 흰 고무신을 사올 테니 그걸 신고 힘을 내서 걸어서 함께 집으로 가요. 반찬 만드는 법도 더 많이 가르쳐 주시고 이야기도 더 많이 해 주세요."

"흰 고무신 신고 우리 집에 가고 싶어."

할머니는 아기처럼 보챘다. 문득 정신이 들 때면 할머니는 빙그레 웃으며 선재를 물끄러미 올려다보았다. 그런 할머니의 눈 속에서는 이슬 같은 물방울들이 새어 나와 눈가에 새겨져 있는 깊은 주름

살 사이로 스며들었다. 선재는 미처 그것을 보지 못했다. 할머니가 흰 고무신을 신으면 금방이라도 일어나 집으로 걸어갈 수 있다고 해서 너무 신이 났기 때문이다. 할머니의 신발 크기는 210밀리미터였다.

선재는 시장 신발 가게로 달려가서 흰 고무신을 찾았지만 어디에도 할머니 발 크기에 맞는 흰 고무신은 없었다. 이마에 커다란 점이 박힌 신발 가게 주인은 아쉬운 듯이 말했다.

"그렇게 작은 흰 고무신은 사람들이 거의 찾지 않기 때문에 아예 만들지 않는단다. 어떡하니? 우리 감나무 집 할머니가 흰 고무신을 신고 싶다고 하시는데 말이다. 요즘은 흰 고무신을 찾는 사람이 별로 없어서인지 230밀리미터 이상만 공장에서 만들거든. 할머니 발이 너무 작아서 맞는 것이 없구나. 할머니가 한 번씩 우리 가게에 오시면 옛날이야기를 구수하게 해 주시곤 했는데 정말 아쉽구나. 빨리 나으셔야 할 텐데."

"할머니가 어떤 이야기를 해 주셨어요?"

"할머니 이야기는 듣고 또 들어도 재미가 있어. 듣다가 깜짝 놀란 적도 있지. 이야기를 하시다가 갑자기 내 어깨를 치며 말씀하시는 거야. '자네, 날 모르겠는가?' 하고. 그때, 얼마나 놀랐는지 모른단다."

"아, 그 이야기군요. 할머니가 흰 고무신 신고 오시면 또 해 달라고 하세요. 저는 더 큰 신발 가게로 가 봐야겠어요."

"글쎄다, 공장에서 만들어 나오지 않으니 어느 가게에 가도 없을 거다. 대구에서 제일 큰 서문 시장에 가도 없을 거야. 나도 신발 공장에 직접 연락해서 알아보마. 그런데 왜 하필이면 할머니가 흰 고무신을 신고 싶다고 하시니?"

주인아저씨는 말끝에 가만히 혀를 찼다.

선재는 흰 고무신만 사서 신겨 드리면 걸어서 집으로 돌아올 수 있다는 할머니의 목소리가 여전히 귀에서 쟁쟁 울렸다.

"흰 고무신이 깨끗하니까요. 할머니는 새 신을 신고 집으로 오고 싶으신가 봐요."

점박이 아저씨는 "흰 고무신을 신으면 아주 멀리 간다고 하던데……." 하고 혼자 중얼거렸다. 선재는 그 말을 들었지만 흘려버렸다. 어떻게 하면 흰 고무신을 구할 수 있을까 하는 생각밖에 없었다.

할머니가 노인 병원에 입원해 있는 동안, 선재는 할머니가 하던 일까지 도맡아 했다.

된장을 두 번 담가 장독에 넣었다. 된장 담그기는 늘 할머니와 함께했는데 달이가 옆에 같이 있어 주었다. 10월에 조선 콩을 하룻밤 물에 넣어 불리고, 가마솥에 넣어 무르게 삶아서는 절구에 찧었다. 그다음 할머니 방에 놓고 담요를 덮어서 두 달 동안 띄운 뒤 볏짚으로 묶어서 할머니가 창가에 만들어 준 시렁에 매달아 두었다가, 장독 안에 소금물을 만들어 함께 넣고 서너 달 묵힌 다음, 소금물은 달여서 간장을 만들고, 남은 메주로는 된장을 만들었다. 콧등에 땀이 송골송골 맺혔다. 선재는 할머니가 병이 다 나아서 집으로 돌아오면 혼자서 된장, 간장을 담갔다고 자랑하고 싶었다. 채소도 말려서 반찬 재료로 만들어 두었다. 무와 애호박, 토란대, 가지, 고구마순, 고춧잎, 고사리, 취, 고비, 도라지, 늙은 호박, 무청을 말려서 통에 담아 두었다가 반찬을 만들었다. 2층 남쪽 창가에는 말린 채소들이 늘 널려 있었다. 선재는 할머니에게서 콩나물 기르는 법도 배웠다. 밑에 구멍이 난 소래기에 콩나물 콩을 두고 하루에 대여섯 번 물을 부어 두면 그것들은 쑥쑥 잘 자랐다. 5일쯤 키우면 웃자란 것들은 삶아서 무쳐 콩나물 반찬으로 팔았다. 선재는 할머니를 따라 반찬을 만들고, 칼질을 배우는 일도 즐거웠다.

"칼은 날카롭기 때문에 베이지 않도록 조심해야 한단다. 오른손으로 손잡이를 둥글게 감싸 쥐고 왼 손가락 첫째 마디를 나란히 칼옆 등에 대면 베이지 않는다. 그렇지, 잘하는구나. 도마는 몸과 엇비슷하게 두어야 도마 전부를 다 쓸 수 있지. 숫돌에 칼을 갈 때는 말이다. 숫돌 아래 젖은 행주를 받쳐 두면 고정이 되고, 늘 따뜻한 물에 5분 정도 칼을 담가 두었다가 갈면 물이 칼에 촉촉하게 배어 잘 갈린단다."

선재는 채소를 통으로 썰거나 반달 모양으로도 써는 법을 할머니에게서 금방 배웠다. 채썰기, 다져썰기, 깎아썰기, 얄팍썰기뿐 아니라 2등분한 다음 써는 반달썰기, 길게 4등분 한 다음 써는 은행잎 썰기, 얇게 썰어 꽃 모양으로 자르는 꽃 모양 썰기, 가늘게 칼집을 내는 주름 썰기도 아주 잘했다.

"너는 엄마를 닮아서 칼질을 참 잘하는구나. 이렇게 여러 가지 방법으로 칼질을 하는 까닭이 있단다. 그건 말이다. 반찬을 만들기 좋고 보기에 좋고 먹기 좋고 배 속에 들어가서 소화하기에도 좋기 때문이란다."

매일 반찬을 만들어 파는 일은 정신없이 바빴다. 더덕은 두드려서 식초와 고춧가루, 고추장을 넣어 새콤하게 만들었다. 배추겉절이는 연한 잎을 쭉쭉 잘라서 소금을 뿌려 절였다가 물기를 짜낸 뒤, 파와 마늘, 생강 다진 것을 넣고 고춧가루로 버무려 내면 금방 팔려 나갔다.

혼자서 반찬을 만들다 보면 할머니의 목소리가 바로 곁에서 들리는 듯했다.

"선재야, 도라지나물은 볶아서 내고, 고사리나물은 밤새 물에 물렸다가 삶아 낸 뒤, 실고추와 깨소금, 참기름을 넣어 무치면 된다. 넌 네 아빠를 닮아서 풋고추조림과 감자조림, 두부조림을 좋아하는구나. 그래, 그래. 풋고추는 꼭지를 떼고 갈라서 씨를 빼야지. 그다음 슬쩍 끓는 물에 데쳐서 찬물에 헹군 뒤, 냄비에 양념과 굵은 멸치를 넣고 같이 조려야지. 감자조림은 말이다, 네모나게 썰어서 들기름에 살

짝 튀겼다가 매운 풋고추를 넣고 간장에 졸이면 훨씬 맛있단다. 두부
는 얇게 썰어서 먼저 물기를 빼야지. 그다음에 번철을 달구어서 들
기름을 두르고 노릇하게 구워라. 그동안에 파, 마늘, 파, 통깨, 간장을
넣어서 양념장을 만들고 냄비에다 구운 두부에 양념장을 한 순갈씩
넣어서 국물이 없어질 때까지 조린단다. 음식은 다 손맛이고 정성이
란다."

할머니는 반찬을 만들면 가장 먼저 나무 불상 앞에 올려 두고는
말했다.

"모든 것을 다 이룬 나무부처님, 맛이 어떠신가요? 고사리나물
과 두부조림은 선재가 만들었습니다, 부처님. 연근전과 녹두전, 깻잎
전, 호박떡은 이 할미가 했습니다. 오곡밥도 한 그릇 가득 올렸습니
다. 쌀, 보리, 조, 콩, 기장. 이게 다 여기 땅에서 나오는 귀한 것들이니
맛있게 드십시오."

할머니는 날마다 밥과 음식을 올려 두고는 백여덟 번을 절하고
는 고개를 끄덕이며 선재에게 말하곤 했다.

"아주 맛이 있다고 하시는구나. 그런데 두부조림은 짜다고 하신
다. 선재, 네가 짜게 먹는다고 걱정하시는구나."

선재는 할머니가 없는 동안 할머니처럼 밥과 반찬을 올려 두고
절을 하다가 자신도 모르게 고개를 끄덕이며 혼잣말을 하는 자신을
발견하곤 했다.

"맛이 어떠신가요, 나무부처님. 오늘은 할머니한테 드리려고 검정깨를 넣고 흑임자죽을 끓였어요. 할머니 머리카락이 하얗게 다 셌어요. 쌀가루보다 검정깨를 많이 넣었는데 할머니 머리가 까맣게 변할까요?"

절을 하고 나서 나무 불상을 올려다보면 정말, 할머니 말처럼 고개를 *끄덕*이는 것처럼 보였다.

"그렇지요, 부처님. 저는 반찬 만드는 일이 정말 즐거워요. 그래서 대학도 안 갔는걸요. 할머니와 더 오래 같이 있으면서 할머니의 손맛을 더 많이 배워야 하니까요. 할머니는 한사코 대학 가서 공부를 해야 한다고 하셨지만 저는 할머니와 함께 있는 게 공부예요. 그러니 나무부처님, 우리 할머니 빨리 낫게 해 주세요, 아셨지요? 고개를 이렇게 *끄덕*여 보세요, 나무부처님!"

선재는 절을 하며 할머니가 빨리 병이 나아서 집으로 돌아올 수 있기를 바랐다. 달이가 뒤에 가만히 엎드려 있었다. 이제 달이는 엎드렸다가 일어나는 일이 힘에 겨운 모양이었다. 할머니가 나무 불상에게 절을 하면 달이도 따라 했는데 말이다. 달이가 할머니를 따라 절을 하는 모습은 우스꽝스러웠다. 엎드려 앞다리를 길게 뻗었다가 벌떡 일어나서 할머니를 한번 보고는 다시 후다닥 엎드렸다. 할머니는 새벽마다 백여덟 번 절을 했다.

"할머니, 왜 백여덟 번을 절하나요?"

"나무부처님이 말씀하시더구나. 우리에게는 눈과 귀, 코, 혀, 몸과 마음 여섯 개가 있지?"

할머니는 선재의 얼굴을 손가락으로 가리켰다.

선재는 고개를 끄덕였다.

"세상에는 색깔, 소리, 향기, 맛, 느낌, 그리고 법칙이 있단다. 그러면서 우리는 그것을 좋다, 나쁘다, 좋지도 싫지도 않다는 세 가지 생각을 하거든. 선재도 생각하고 있지. 달이가 좋을 때도 있고 싫을 때도 있지?"

"그럼요, 할머니. 숙제하고 있는데 자꾸 옆에 와서 놀자고 하면 싫기도 해요."

"그래, 누구나 다 그렇단다. 좋은 것은 즐겁고, 싫은 것은 괴롭고, 좋지도 싫지도 않은 것은 그냥 내버려 두거든."

"그래요. 달이가 저 혼자 놀고, 나는 숙제하거나 반찬 심부름한다고 바쁠 때에는 달이를 잊어버려요."

"그렇단다. 눈과 귀, 코, 혀, 몸과 마음 이 여섯 가지와 세상의 색깔과 소리, 향기, 맛, 감촉, 그리고 법칙, 이 여섯 가지가 부딪쳐서 그때마다 좋고, 나쁘고, 나쁘거나 좋지도 않고, 괴롭고, 즐겁고, 내버려 두는 느낌으로 서른여섯 가지 복잡한 생각이 생기지. 그것은 어제, 오늘, 내일 늘 생기는 것처럼 아주 오래전에도 있었고 지금도 있고 아주 먼 내일에도 있어서 백여덟 가지 괴로움이 된단다. 그래서 108배를 하면서 그게 다 사라지게 해 달라고 지극하게 정성을 하나로 모으는 거란다."

"36 곱하기 3 해서 108번 절하는 거네요. 그런데 할머니, 그게 무슨 뜻인지 여전히 잘 모르겠어요."

"그건 말이다. 네가 직접 거듭 해 봐야 알 수 있단다. 너는 아직 어리니까 할머니 따라서 같이 108배를 해 보면 쉽게 알 수 있단다. 우리가 반찬을 만들 때 말이다. 다른 생각을 하고 있으면 소금을 더 넣거나 덜 넣겠지?"

"맞아요, 할머니. 저번에 콩잎을 담글 때 할머니가 시키는 대로 하지 않고 숙제를 빨리 해야 한다는 생각에 빠져 있어서 그만 소금을 많이 넣었어요."

"그러게 말이다. 소금을 많이 넣으면 짜고, 우리 콩잎을 사 간 사람이 싫어하는 거와 같단다. 콩잎을 소금과 양념을 섞어서 맛있게 담그면 사람들이 아주 좋아해. 정신을 집중해서 반찬을 만들어야지. 108배를 하는 것은 그와 같단다."

"할머니 따라 절을 하면 할머니처럼 콩잎을 맛있게 담글 수 있나요? 다른 반찬들도 할머니처럼 맛있게 만들 수 있나요?"

"그래, 네가 직접 108배를 해 보려무나."

선재는 언제부터 할머니를 따라 나무 불상에게 절을 하기 시작했는지는 기억나지 않지만 그 시작은 할머니처럼 맛있는 반찬을 만들 수 있다는 말 때문인지도 모른다고 생각했다. 더러 늦잠을 자서 108배를 빼먹을 때도 있었다. 할머니는 절을 다 하고 나면 "아이고, 다리야." 하면서도 나무 불상을 올려다보며 물었다.

"이 할미도 늙었는지, 이제는 우리가 어디서 와서 어디로 가는지를 알고 싶습니다."

선재가 108배를 하루도 빼먹지 않고 하기 시작한 것은 할머니가 입원한 뒤부터였다. 할머니가 선재 얼굴을 알아보지도 못하니, 할머니가 하던 일을 자신이 도맡아서 하면 그 정신도 돌아오고 할머니가 빨리 병원에서 집으로 돌아올 수 있을 것 같았다.

고령 시장에서뿐 아니라 의령과 합천, 성주까지 감나무 집 반찬 가게를 모르는 사람이 아무도 없었다. 할머니의 손맛이 하도 좋아서 멀리서도 소문을 듣고 사람들이 찾아와서 반찬을 사 가거나 주문을 하곤 했다. 그 덕분에 감나무 집 반찬 가게를 지키는 삽살개 달이도 유명해졌다.

선재는 흰 고무신을 금방 살 수 있겠지 싶었는데 대구에서 제일 큰 시장에 가도 없을 거라는 신발 가게 주인아저씨의 말을 들으니 걱정스러웠다. 함께 산 20년 동안, 할머니는 한 번도 선재에게 무엇을 사 달라고 한 적이 없었기 때문이다. 할머니가 처음 사 달라고 하는 흰 고무신을 살 수 없다니. 선재는 속이 타는 듯 가슴이 콩콩 뛰었다.

다음 날 새벽, 선재는 일찍 일어나 나무 불상 앞에 떠 놓은 물그릇의 물을 새로 갈고 108배를 한 뒤, 달이의 밥을 주었다. 그러고 나서 달이에게 가게를 봐 달라고 말했다.

"달아, 오늘은 할머니 흰 고무신을 사러 대구 큰 시장에 갔다 올게. 할머니가 자꾸 힘이 드시는 모양이다. 흰 고무신을 사 들고 가면 금방 일어나실 거야. 가게 문도 그대로 열어 두고 간다. 너도 다 아는 손님들일 거야. 반찬마다 가격표가 붙어 있어. 거스름돈도 돈 통에 들어 있으니 단골손님들이 알아서 가져갈 거다. 할머니는 병원에 계시고 나마저 가게에 없으니 손님들에게 미안해. 네가 반갑게 꼬리를 흔들며 손님을 맞아 줘."

선재는 달이를 안고 1층으로 내려갔다. 달이도 부쩍 힘이 드는지 걷는 것을 힘들어 하고, 눈이 더 어두워졌는지 자주 벽에 부딪히곤 했다. 달이를 1층에 내려놓았다. 달이는 선재의 말을 알아들었는지, 가게 앞 햇살이 떨어지는 곳에 나와 앉았다. 선재는 시외버스 정류장으로 걸어가다 뒤돌아서 달이에게 손을 흔들었지만 달이는 고개를 젖히고 하늘을 보며 햇빛을 쬐고 있었다.

선재는 시외버스를 타고 대구 큰 시장으로 가서 신발 가게마다 돌아다녔지만 시골 장터 신발 가게 주인아저씨 말처럼 할머니 발에 맞는 흰 고무신은 없었다. 넓고 넓은 큰 시장의 신발 가게를 남김없이 다 찾아다녔지만, 신발 가게 주인들은 그렇게 작은 흰 고무신은 아예 만들지 않는다고 했다.

선재는 다리가 아픈 줄도 몰랐다.

'아니야, 그래도 어딘가에는 할머니 발에 딱 맞는 흰 고무신이 있을 거야.'

해 질 무렵 선재는 빈손으로 집으로 돌아왔다. 달이는 추운지 가게 안 난로 옆에 쭈그려 앉아 있었다. 입맛이 뚝 떨어졌는지 물그릇만 비워져 있을 뿐 밥은 그대로 남아 있었다. 선재는 가게 문을 닫고 할머니에게로 달려갔다. 이상하게도 마음이 자꾸 급해졌다. 병실 안으로 들어서자 내내 선재가 오기를 기다렸다는 듯 문 앞쪽을 보고 있던 할머니가 환하게 웃었다. 그날은 선재를 단박에 알아보았다.

"흰 고무신 찾았니?"

"아직 찾지 못했어요. 어딘가 할머니 발에 딱 맞는 흰 고무신이 있을 거예요. 조금만 기다리세요."

할머니는 고개를 끄덕이며 침대 위에 놓인 두 발을 물끄러미 보았다. 발에는 꽃무늬가 수놓인 덧신이 신겨져 있었다.

"할머니, 그 대신 오늘도 이야기를 하나 해 드릴게요. 할머니가 저한테 해 주신 이야기인데 할머니도 생각나실 거예요."

병실 안의 할머니들이 선재 목소리를 듣고 박수를 쳤다.

선재는 병실 안을 둘러보았다. 고무호스를 꽂은 두 할머니는 잠들어 있었다. 선재는 그 이야기를 하면 할머니의 기억도 더 새록새록

살아날 것만 같았다.

이번에 선재가 하려는 이야기는 초등학교 3학년 때 가게 돈 통에서 몰래 천 원짜리를 한 장 훔쳐서 아이스크림을 사 먹고는 시치미를 뚝 떼고 돌아온 날, 할머니에게서 들은 이야기였다. 그때 할머니 이야기를 들으며 선재는 모른 척했지만 내내 흘깃흘깃하며 할머니 눈치를 보았다. 가슴도 콩닥콩닥 뛰고 얼굴이 발그레 달아올랐다. 학교에서 배운 속담, 도둑이 제 발 저린다는 게 이런 제 모습을 두고 하는 말이구나 하는 것을 그때 알았다. 할머니가 돈을 훔친 것을 알고 있는지 겁이 나기도 했다.

아이스크림은 정말 달콤하고 금방 입에서 녹았지만, 마음은 시골 저녁 길처럼 자꾸만 캄캄해지는 게 이상했다. 저녁을 먹고 숙제를 끝내고 마루에 나오니 할머니가 웃으며 또 재미있는 이야기를 해 주겠다고 했다. 달이도 기분 좋은 듯이 풀쩍풀쩍 뛰었다.

"할머니가 옛날에 들은 이야기를 해 주마. 어떤 마을에 할머니와 손녀가 살았단다. 손녀는 학교 친구들과 함께 일요일 해인사에 놀러 가기로 했어. 선재야, 해인사가 어디 있는지 학교에서 배웠지?"

"네, 할머니. 합천에 있어요. 거기 가면 팔만대장경도 있다고 해요. 여기 고령에서 버스를 타고 가면 한 시간도 안 걸려요."

"그렇단다. 손녀 이름을 뭐라고 할까? 음, 그래. 선재가 이름을 하나 지어 볼래?"

"순이요……."

선재는 얼른 같이 놀러 갔던 반 친구 이름을 대었다.

"그래, 순이는 친구들 넷하고 해인사를 가기로 했는데 회비가 천 원이었어. 거기까지 가는 차비하고 먹을 것하고 전부 다 해서 천 원 씩을 내기로 했지. 그런데 순이는 아무리 생각해 봐도 할머니에게 천 원을 달라고 말할 수가 없었어. 할머니는 시장 바닥에서 밭에서 키운 채소와 고추를 팔고 있었거든. 그러니 미안해서 말을 할 수 없었지. 그렇다고 친구들하고 같이 가기로 약속을 했으니 안 갈 수도 없었어. 친구 중에 준태라고 있었단다. 준태가 이렇게 말했어."

할머니가 시장 입구에 있는 약초 가게 아들인 준태 이름을 말하자 선재는 가슴이 더 콩닥콩닥 뛰었다. 선재는 나무 불상을 올려다 보았다. 불상이 빙그레 웃는 듯이 보였다. 달이가 선재 무릎을 베고 잠들었다. 선재는 자꾸 달이를 밀어내었다.

"준태가 먼저 놀러 가자고 했지. 준태는 다섯 명 가운데 제일 힘 도 세고 키도 컸어.

'절대 아무에게도 말해서는 안 된다. 우리 중에 배반자가 있어서 는 안 된다. 그런 애가 있으면 평생 말을 걸지 않기다. 우리 약속하 자.'

준태가 이렇게 말했어. 그러니까 다들 손가락을 내밀고 우리는 맹세한다, 하고 약속했거든."

이야기를 하다가 갑자기 할머니는 선재에게 새끼손가락을 내밀었다.

선재는 얼떨결에 할머니와 무슨 약속인지 모르지만 약속을 한 모양이 되고 말았다. 할머니가 선재의 새끼손가락을 걸고 흔들며 이야기를 계속했다.

"준태가 말했지.

'해인사에 가면 커다란 부처님이 우리가 책에서 배운 팔만대장경을 손에 펴 놓고 읽고 있단다. 이마에는 큰 황금을 달고 성큼성큼 걸어 다니면서 경전을 읽는데, 글쎄 말이다. 경전을 읽다가 고개를 끄덕끄덕하시면 이마에 단 황금이 바닥으로 툭툭 떨어진단다. 어떤 사람은 떨어진 황금을 주워 큰 부자가 되었다는 거야.'

그러자 다른 친구가 눈을 동그랗게 뜨고 큰 소리를 질렀어.

'그럼 평생 고깃국에 쌀밥을 먹었겠네?'

'고깃국에 쌀밥뿐이겠냐? 소도 백 마리 사고 닭은 천 마리나 살 수 있어.'

'우와 소를 백 마리씩이나!'

순이는 소 백 마리보다 닭 천 마리가 더 낫겠다는 생각이 들었어. 왜냐하면 날마다 달걀을 낳으면 하루에 천 개니까. 그것을 시장에 내다 팔면 우리 할머니가 시장판에서 장사를 안 해도 된다고 생각했거든. 순이는 그런 생각이 드니까 커다란 황금 덩어리가 머리 위로 쿵 떨어지는 것 같았어. 아침 일찍 밭에 나가 채소를 뜯어서 지팡이를 짚고 장터로 가는 할머니 모습이 늘 안쓰러웠거든. 순이는 황금 덩어리를 하나만 주우면 될 거 같았단다.

순이가 준태에게 물었어.

'그런데 황금을 어떻게 줍니?'

'그야 부처님이 머리만 끄덕끄덕하시기만 하면 황금이 떨어지니까 그때 줍지. 우리 황금 주우면 똑같이 나눠 갖는다. 알았제? 소도 백 마리 사면 다섯이니까 스무 마리씩 나눠 갖는다, 알았제? 자신 없는 사람은 지금 말해라.'

다들 아무 말도 하지 않았지. 순이는 가슴이 벌렁거렸단다. 다섯 아이는 일요일 아침 7시까지 천 원씩 들고 시외버스 정류장으로 나오기로 했어. 빨리 가야 황금을 먼저 주울 수 있으니까. 순이는 부처님이 책을 읽다가 졸음이 오면 황금 덩어리가 수도 없이 떨어질지 모른다고 생각하니 정말 가고 싶었지. 집으로 돌아온 순이는 얼른 숙제를 해 놓고 할머니가 잠들기를 기다렸어. 할머니보다 먼저 잠들면 안 되니까 말이다. 그런데도 자꾸 잠이 쏟아져서 침을 눈꺼풀에 잇달아 발랐어. 할머니는 속주머니에서 돈을 꺼내어 종이돈과 동전을 갈라놓고 하나씩 셈하고 종이쪽지에 뭔가 적기도 했어. 순이는 슬그머니 이불 아래로 들어가서 곁눈질로 돈을 헤아리는 할머니를 훔쳐보았어.

할머니는 '나무관세음보살.' 하고 긴 한숨을 쉬며 염불 한 줄을 외우고는 종이돈과 동전을 속곳 주머니에 다시 넣고 누웠단다. 순이는 할머니가 완전히 잠들기를 기다렸어. 드디어 할머니가 깊이 잠들었는지 숨소리가 편안하게 흘러나왔단다. 꿈속에서 관세음보살님이라도 만나는지 '나무관세음보살.' 하고 잠꼬대를 하곤 했지. 순이는 조심조심 손을 뻗어 할머니 무명 속곳 주머니 속에 있는 천 원짜리 한 장을 꺼내는 데 성공했단다. 순이 등은 땀으로 다 젖어 있었지."

선재는 할머니 이야기를 듣는데 가슴이 더 빨리 뛰는 소리가 났다. 콩콩콩콩. 얼굴도 더 발갛게 달아올랐다. 달이는 아무것도 모르고 선재 무릎을 베고 눕더니 이야기 속 할머니처럼 잠이 들었다.

"다음 날 아침 순이는 시외버스 정류장으로 달려가 친구들과 함께 해인사 여행을 갔지. 팔만대장경을 읽으며 걸어 다니는 큰 부처님도, 황금 덩어리도 만날 수 없었지만 찹쌀떡도 사 먹고 사이다도 사 먹고 아주 즐거웠단다. 순이는 집으로 돌아와서 할머니에게 뒷산에 친구들과 같이 토끼 잡으러 갔다고 둘러대었지. 할머니는 더 이상 묻지 않았고 순이도 그 일을 까맣게 잊었단다. 그리고 십 수 년이 흘러서 순이는 면사무소 공무원이 되어서 첫 월급을 받은 돈으로 할머니에게 빨간 내복을 사다 주었어. 어둑한 밤, 할머니는 전깃불 아래서 빨간 내복을 내어놓는 순이를 물끄러미 보며 이렇게 말했단다.

'나는 순이 네가 말이다. 속곳 주머니에서 돈을 훔쳐 갈 때 속으

로 얼마나 울었는지 모른다. 바늘 도둑이 소 도둑 된다고, 커서 도둑

놈이 되는가 싶었는데, 그래도 잘 컸구나……. 나무관세음보살.'"

선재는 할머니가 왜 갑자기 그 이야기를 하는지 알 수 있었다.

"할머니, 저 할 말 있어요. 사실은요……. 제가……."

할머니는 빙그레 웃으며 고개를 가로저었다.

"말하지 않아도 우리 나무부처님은 다 아신단다. 내일 새벽에는

일찍 일어나서 할머니하고 같이 108배를 하면 된다. 알았지? 아까 새

끼손가락을 걸고 약속했단다."

선재는 얼른 고개를 끄덕였다.

선재는 병실의 할머니들을 돌아보며 그 이야기가 왜 갑자기 떠오르

는지 알 수 없었다. 그런데 이상하게도 목이 잠긴 듯 그 이야기가 입

밖으로 나오지 않았다.

그때 할머니가 선재의 마음을 알고나 있는 듯이 말했다.

"오늘은 다른 이야기를 해 다오. 우리 나무부처님이 들려주신 이

야기 말이다."

"할머니가 아주 많이 해 주셔서……. 어떤 이야기를 들려 드릴까

요?"

"거북이 이야기……."

선재는 거북이 이야기가 어떤 것인지 잘 생각이 나지 않아서 고

개를 갸웃거렸다.

"그럼 내가 해 볼까? 나는 아주 잘 안단다."

할머니는 초롱초롱한 별처럼 정신이 맑아 보였다.

선재가 병실 창가의 창턱에 걸터앉았다. 귓속으로 졸졸 흘러가는 개울물 소리가 들려왔다. 저 개울은 강으로 이르고, 그사이에 봄이 오고, 봄이 오는 긴 강둑을 따라가면 꽃들이 수없이 피어났다. 봄에는 바구니를 들고 할머니와 같이 냉이와 달래, 씀바귀를 캐고 쑥을 뜯었다. 민들레를 캐어서 김치를 만드는 법도 배웠던 생각이 났다.

할머니는 이야기를 하기 시작했다.

"우리 나무부처님 곁에서 늘 시중을 드는 아난다라는 제자가 있었단다. 하루는 연못 주변을 함께 걷다가 부처님이 문득 아난다에게 물으셨지.

'아난다야, 넓고 넓은 바다에 눈먼 거북이가 한 마리 살고 있었다. 이 거북이는 백 년에 한 번씩 물 위로 머리를 내놓는데 그때 바다 위를 떠다니는 구멍 뚫린 나무 널빤지를 만나면 잠시 목을 구멍 속으로 넣고 쉰단다. 그러나 구멍 뚫린 널빤지를 만나지 못하면 그냥 쉬지도 못하고 바로 물속으로 들어가야 한다. 백 년에 한 번 거북이가 물 밖으로 고개를 내밀 때, 이 눈먼 거북이가 과연 나무 널빤지를 만날 수 있겠느냐?'

아난다가 바로 대답했어.

'만날 수 없습니다.'

아난다는 눈까지 먼 거북이가 백 년 만에 머리를 물 밖으로 내미는데 구멍 뚫린 나무 널빤지를 만날 수 없다고 생각했어.

그러자 부처님은 이렇게 말씀하셨다.

'그렇게 생각하느냐? 그렇지만 말이다. 눈먼 거북이가 바다를 떠다니다 보면 수억만 분의 일이지만 구멍 뚫린 널빤지 안으로 목을 들이밀고 잠시 쉴 수 있을지도 모른다. 그렇지만 사람들은 나고 늙고 병들고 죽어서 다시 사람으로 태어나기가 눈먼 거북이가 구멍 뚫린 나무 널빤지를 만나기보다 더 어렵다는 것을 모른다.'

오늘은 자꾸만 이 이야기가 생각나는구나. 선재야, 너는 어떻게 생각하니? 이 거북이가 구멍 뚫린 나무 널빤지를 만날 수 있다고 생각하니?"

선재는 아무 대답도 하지 못했다.

할머니 이야기를 다 듣고 나니 비로소 그 이야기가 생각났다. 선재도 아난다의 생각처럼 거북이가 나무 널빤지를 만나는 일은 없을 것 같았다. 금방 살 수 있을 것 같았던 흰 고무신도 찾지 못했는데 넓고 큰 바다에서 어찌 거북이가 나무판자를 만날 수 있을까. 더구나 거북이는 눈마저 멀었는데 말이다.

"만날 수 있을 거다⋯⋯."

할머니는 선재의 대답도 기다리지 않고 혼잣말을 했다.

선재는 자기도 모르게 고개를 끄덕였다. 눈먼 거북이가 백 년 만에 바다 위를 떠다니는 널빤지 구멍 위에 목을 들이밀어 쉴 수 있다면 흰 고무신을 찾기는 그것보다 훨씬 쉬울 것 같았기 때문이었다. 할머니는 지친 듯이 눈을 감고는 숨을 길게 내쉬었다.

4

강둑에서 만난 얼굴

선재는 병원을 나왔다.

이미 어둠이 개울 위로 내리고 있었다. 선재는 개울을 따라 걸어 갔다. 긴 강둑이 나왔다. 강물이 흘러갔고, 선재는 강둑에 가만히 앉 았다. 갑자기 신발 가게 점박이 아저씨의 말이 생각났다. 정확하게 알 수는 없었지만 어쩌면 할머니는 흰 고무신을 신고 어디론가 먼 길을 떠나려고 하는지 모른다는 생각이 확 들어서 왈칵 눈물이 나왔다. 선재는 어두워지는 강둑에서 무릎에 얼굴을 파묻었다.

그때였다.

등 뒤에서 목소리가 들렸다.

"울고 있느냐?"

누군가 선재의 어깨 위로 손을 얹으며 물었다.

선재는 뒤를 돌아다보았다.

뜻밖에도 그곳에는 너무나 낯익은 얼굴, 나무 불상이 서 있었다.

"울지 마라, 선재야."

"누가 울고 싶어 우나요? 자꾸 눈물이 저절로 나오는걸요."

"나도 한때는 너처럼 울고 그랬단다. 나도 너희처럼 보통 사람들과 똑같았어. 사람들은 나를 싯다르타라고 불렀단다."

"싯다르타……. 그게 무슨 뜻인가요?"

"모든 것을 다 이루었다는 뜻이란다."

"정말 그러면 당신은 모든 것을 다 이루셨나요? 할머니는 나무 부처님 앞에서 모든 것을 다 이룬 부처님이라고 하셨어요."

"그렇구나. 모든 것을 다 이루려면 모든 것을 다 버려야 한단다. 너도 내 이야기가 궁금한가 보구나. 너는 나를 싯다르타라고 불러도 좋단다. 우리는 오랜 친구이지 않니, 그렇지? 우연히 너의 집에 와서 늘 얼굴을 마주한 지가 20년이 되었으니까 말이다. 친구처럼 불러 다오."

"정말인가요, 싯다르타! 할머니에게서 아주 많은 이야기를 들었어요. 할머니는 늘, '나무부처님' 하면서 싯다르타 이야기만 했어요. 싯다르타, 흰 고무신을 사 달라고 하면 먼 길을 떠난다고 하는 신발 가게 점박이 아저씨 말이 생각났어요. 정말 할머니는 어딘가 먼 길을 떠나려 하시는 걸까요?"

"우리는 다들 언젠가 먼 길을 떠난단다. 너도, 나도."

"그래서 흰 고무신이 필요한가요? 그런데 저는 할머니 발에 꼭 맞는 흰 고무신을 구할 수 없어요."

"어딘가 찾아보면 있지 않겠니? 우리가 구하는 것들은 말이다, 세상에 다 흔적을 남겨 두는 법이란다. 흔적을 찾으면 길이 나오고 그 길을 따라가면 우리가 찾는 것이 기다리고 있지 않겠니? 우리 같이 찾아보자꾸나. 네 모습을 지켜보고 있으니 마음이 쓰여서 이렇게 네가 앉아서 울고 있는 강둑까지 나왔다. 할머니가 어려서부터 너에게 한 이야기를 나도 다 들었단다. 할머니가 너에게 이야기를 들려주면 나도 모르게 귀를 쫑긋 기울이고 듣고 있었어. 나도 생각나는 이야기가 많단다. 몇 번이나 또 듣고 싶은 이야기도 있어."

"어떤 이야기였어요?"

"왜 그 이야기 생각나느냐? 이팝나무 숲 속 두꺼비 이야기 말이다. 나도 얼마나 가슴 졸였는지 모른다. 내가 두꺼비라도 된 듯이 깊이 잠든 벙어리 아저씨 바짓가랑이를 잡아당기며 잠을 깨우고 싶었지. 그 이야기를 또 듣고 싶구나."

"아, 그 이야기 저도 잘 알아요. 제가 해 드릴게요. 그러면 싯다르타는 무슨 이야기를 해 주시겠어요?"

"나는 내 이야기를 들려주마. 내 이름이 왜 싯다르타인지도, 어떻게 해서 너처럼 울곤 했는데 이제는 울지 않는지도 말이다."

싯다르타의 목소리에서 훈훈한 바람이 불어왔다.

선재는 울음을 멈추고 할머니에게서 들었던 벙어리 아저씨와 두꺼비 이야기를 싯다르타에게 들려주었다.

달성 공원 이팝나무 숲 속에 두꺼비 한 마리가 살고 있었습니다.

두꺼비는 하루 종일 숲 속을 아주 천천히 거닐거나 낮은 나무 의자에 올라가 기분 좋게 낮잠을 자기도 했지요. 나무 의자는 두꺼비에게 아주 넓고 긴 침대였어요.

어느 늦은 봄날.

이팝나무 숲 속으로 벙어리 아저씨가 찾아왔습니다. 그는 등에 멘 배낭을 벗어 나무 의자에 놓고는 꼼짝없이 앉아 있었어요. 두꺼비는 숲 속을 한 바퀴 돌고는 나무 의자에 뛰어 올라가 낮잠을 자려다가 벙어리 아저씨를 처음 보았습니다.

"낮잠 자는 곳을 빼앗기고 말았네."

두꺼비는 벙어리 아저씨를 기분 나쁜 듯이 쓰윽 올려다보며 중얼거렸습니다.

해가 머리 위로 올라서자 벙어리 아저씨는 배낭을 열어 점심 도시락을 꺼냈습니다. 그때, 두꺼비는 그만 저도 모르게 꿀꺽하고 침을 삼키고 말았습니다.

벙어리 아저씨는 도시락 뚜껑을 열다가 침을 삼키고 있는 두꺼비를 보고는 반갑다는 듯 두 손을 가슴 앞에 가지런히 펴고 흔들었습니다. 가슴 앞에 손을 펴 들고 흔드는 그 동작은 만나서 반갑다는 인사였습니다. 그는 젓가락으로 밥을 조금 덜어 내어 두꺼비 앞에 놓았습니다. 그러자 두꺼비는 언짢았던 마음이 조금 풀렸어요. 그렇다

고 처음 보는 사람이 주는 밥을 냉큼 받아먹기도 부끄러워 슬쩍 앞
발로 얼굴을 가리는 척하면서 두 발 사이로 벙어리 아저씨 눈치를
보다가 서로 눈이 마주치고 말았습니다.

벙어리 아저씨가 다시 빙긋 웃었습니다.

그 웃음은 같이 먹자고 말하는 것 같았어요. 두꺼비는 못 이기
는 척하며 앞에 놓인 밥알을 하나씩 먹기 시작했지요. 벙어리 아저
씨는 두꺼비 앞에 놓인 밥알이 떨어지면 도시락에서 밥을 더 덜어
주었습니다.

그렇게 두꺼비와 벙어리 아저씨는 처음 만났습니다.

그다음 날도, 그다음 날도.

두꺼비는 벙어리 아저씨와 점심 도시락을 같이 먹었습니다. 벙어
리 아저씨는 밥을 다 먹고 난 다음, 물을 한 모금 마시고 하늘을 올
려다보고 이팝나무를 바라보며 앉아 있다가 시계를 보고는 어디론가
걸어갔습니다. 그리고 땅거미가 슬슬 지면 다시 나타나 나무 의자에
앉아 있다가 어두워지면 배낭을 메고 공원 밖으로 걸어 나갔습니다.

두꺼비는 벙어리 아저씨가 어디를 갔다 오는지 몹시 궁금했지만
느린 발걸음으로는 따라갈 수가 없었습니다. 그는 이팝나무 숲 속에
살고 있는 박새에게 아저씨가 어디를 갔다 오는지 따라가 봐 달라고
부탁했습니다.

그다음 날 박새는 벙어리 아저씨의 뒤를 따라 날아갔다가 숲 속

으로 돌아와 두꺼비에게 말했습니다.

"두꺼비야, 벙어리 아저씨는 점심을 먹고 나면 공원 문 앞, 떠돌이 약장수들이 약 파는 곳으로 간단다. 그가 구경꾼 속에 서 있으면 약장수가 아저씨를 불러내어 '얍!' 하고 기합을 넣고 최면을 걸어. 그러면 아저씨는 약장수가 몸동작을 하는 대로 춤을 추기도 하고 깡충깡충 뛰기도 하고 물구나무를 서기도 한단다. 아저씨가 물구나무를 선 채로 있으면 약장수가 약을 팔고 구경하는 이들이 약을 사는 거야. 사람들이 돌아가고 나면 약장수가 그를 따로 불러 돈을 주는 것을 봤어. 벙어리 아저씨는 약장수와 한 패인가 봐."

박새의 말을 듣고 두꺼비는 언제나 꼼짝없이 앉아 있던 아저씨가 토끼처럼 뜀뛰기를 하고 물구나무를 선다니 믿어지지 않았습니다. 그래서 그는 그다음 날 아침 일찍 공원 문 앞 빈터가 잘 보이는 언덕으로 부지런히 올라갔습니다. 한나절이나 걸려 언덕에 올라 보니 약장수 둘레에 구경꾼들이 모여 있었습니다. 그는 구경꾼 속에 서 있는 벙어리 아저씨를 금방 알아볼 수 있었습니다.

약장수가 벙어리 아저씨를 불러냈습니다. 그때였지요. 갑자기 구경꾼들이 큰 소리를 치며 그의 멱살을 잡았습니다.

"너, 약장수하고 한 패지? 약장수하고 짜고 마술에 걸린 척하는 거지? 이 사기꾼들!"

사람들이 좌판에 늘어놓은 약들을 집어 던지고 벙어리 아저씨를 두들겨 패기 시작했습니다. 약장수는 재빨리 달아나 버리고 없었습니다. 아, 그는 머리를 두 손으로 감싸고 사람들의 발길질에 가만히 몸을 맡기고 있었습니다.

두꺼비가 언덕을 내려와 이팝나무 숲 속으로 돌아오니, 벙어리 아저씨는 나무 의자에 힘없이 앉아 있었습니다.

그때, 벙어리 아저씨의 머리 위로 희고 빛나는 이팝나무 꽃잎들이 떨어지고 있었습니다. 나무 의자 아래, 두꺼비의 몫으로 덜어 놓은 밥 덩이 위에도 흰 꽃잎이 쌓이고 있었지요. 벙어리 아저씨는 다음 날도 그다음 날도 이팝나무 숲 속으로 찾아와 두꺼비와 같이 점심을 먹고는 캄캄해질 때까지 꼼짝없이 앉아 있었습니다.

두꺼비는 그가 일자리를 잃어버렸다는 것을 알았습니다.

흰 이팝 꽃이 다 지고, 긴 햇빛을 붉게 늘어뜨리는 가을이 와도 벙어리 아저씨는 하루도 빠지지 않고 이팝나무 숲을 찾아와 두꺼비와 같이 도시락을 나눠 먹었지요.

어느덧 가을이 갔습니다.

두꺼비는 겨울잠을 자러 가야 했지만 벙어리 아저씨가 걱정이 되어 그의 곁을 떠날 수가 없었습니다. 그런 어느 날, 점심을 먹고 난 벙어리 아저씨는 두꺼비가 그랬던 것처럼 나무 의자에 기대어 낮잠을 자기 시작했습니다. 그는 지친 듯이 보였어요.

해가 지고 이윽고 눈이 내리기 시작했습니다.

흰 눈은 벙어리 아저씨의 머리 위로, 옷 위로 소복소복 쌓여 갔습니다. 두꺼비는 그가 잠을 깨기를 기다렸지만 그는 갈수록 깊은 잠 속으로 빠져들고 있었지요. 그는 아주 평화로운 꿈을 꾸는 듯 입가로 웃음마저 짓고 있었습니다. 눈은 점점 많이, 그리고 소리 없이 내렸습니다.

눈을 맞고 있으니 두꺼비는 몹시 추웠습니다.

두꺼비는 앞발로 온몸에 쌓이는 눈을 털어 냈습니다. 벙어리 아저씨의 잠을 깨우지 않으면 아저씨는 눈 속에 묻혀 얼어 죽을 것 같아 보였습니다. 두꺼비는 벙어리 아저씨의 바짓단을 물고 흔들었습니다. 그래도 아무 소용이 없었지요. 벙어리 아저씨는 더욱 깊은 잠 속으로 빠져들고만 있었습니다. 아저씨의 바짓단에 쌓인 눈이 바닥으로 떨어지고, 먼 곳에서 종소리가 이팝나무 숲 속으로 밀려와 후드득, 후드득 내릴 뿐이었어요.

그때였어요.

어쩔 줄을 몰라 하며 벙어리 아저씨를 바라보던 두꺼비의 두 눈이 점점 커져 등불처럼 환해지더니, 그만 눈에 불이 붙고 말았습니다. 두꺼비의 눈동자 속에서 타오르는 불꽃이 벙어리 아저씨를 환히 비추기 시작했습니다. 눈은 쉼 없이 내렸습니다. 눈동자를 태우는 불꽃은 두꺼비의 온몸으로 번져 나갔습니다. 두꺼비의 몸을 태우며 활활 타오르는 불꽃이 벙어리 아저씨의 얼어붙은 몸을 녹이고 그의 머리 위로 내리는 눈을 힘껏 밀어내었습니다.

눈이 그치고 곤히 잠든 벙어리 아저씨의 얼굴 위로 아침 햇빛이 비쳤습니다. 아저씨를 밤새도록 지키던 두꺼비는 재가 되어 있었습니다.

벙어리 아저씨가 기지개를 켜고 일어나자 재가 된 채로도 그를 바라보던 두꺼비는 그제야 마음이 놓인다는 듯 가만히 무너져 내렸습니다.

선재가 이야기를 다 끝내자 싯다르타의 목소리가 들렸다.

"다시 들어도 가슴이 조마조마하구나."

"그 벙어리 아저씨는 알고 있을까요? 두꺼비가 몸을 태워 밤새도록 아저씨 몸에 쌓이는 눈을 밀어내었다는 것을요?"

"할머니에게 물어보렴."

"싯다르타가 모르시면 누가 아나요? 할머니는 그때도 나무부처님이 아실 거라고 하셨어요."

"알고 모르고는 조금도 중요하지 않단다. 어쩌면 우리는 다 아는지도 몰라. 내가 바로 이야기할 수는 없구나. 이렇게 생각해 보면 어떨까? 누가 두꺼비처럼 되려 하는지를 말이다. 두꺼비는 우연히 벙어리 아저씨를 만났고 밥을 얻어먹은 고마움 때문에 아저씨가 얼어 죽을까 봐 애를 태우는 마음이 불꽃을 일으켰지. 두꺼비는 자신의 몸에 불이 붙는 줄도 모르고 아저씨가 얼어 죽지 않도록 지켜 주었어. 우리가 아는 것은 쉽단다. 두꺼비는 그 고마움을 실천했을 뿐이다. 이제 집으로 가자꾸나. 달이도 기다릴 거다. 이제는 내 이야기를 들려주마. 내가 어디서 너의 집으로 와서 어디로 가는지도 말이다."

나무 불상은 선재의 어깨를 톡톡 두드렸다. 그들은 집으로 돌아갔다. 달이가 꾸벅꾸벅 졸면서 가게 앞에서 기다리고 있었다. 그가 달이를 안고 2층으로 올라가 창가 개집 안으로 데려다주었다.

이윽고 나무 불상은 선재에게 그가 어디서 왔는지 나직이 들려주기 시작했다. 그가 말하기 시작하자 꽃향기가 집 안을 맴돌았다. 달이가 코를 벌름이면서 개집에서 나와 나무 불상 아래 앉아서 귀를 기울이고 있었다. 선재는 나무 불상 앞에 놓인 물그릇에 새로 물을 가득 따르고 달이 옆에 앉았다.

5

싯다르타,
싯다르타

싯다르타.

그는 인도의 히말라야 산기슭, 샤카족이 사는 카필라 왕국의 왕
자로 태어났다. 카필라 왕국은 드넓은 벌판과 아름다운 숲이 있고,
물결이 출렁이는 강 옆으로 기름진 땅이 있어 곡식이 잘 자랐다. 사
람들은 선량했고, 그곳을 다스리는 아버지 슈도다나 왕과 어머니 마
야 부인은 마음씨가 단정하고 너그러웠다.

그는 싯다르타로 태어나기 이전부터 여러 번 세상에 태어났다.
수메다라는 젊은이로 나서 연등 부처님에게 푸른 연꽃 일곱 송이를
바쳤고, 연등 부처님 앞의 진흙 길에 사슴 가죽 옷과 묶었던 긴 머리
카락을 깔아 드렸다. 그 푸른 연꽃은 고삐라는 처녀에게서 자기가 가
진 전 재산인 은전 5백 냥을 주고 산 꽃이었다. 고삐 처녀는 연꽃을
팔면서 일곱 송이 가운데 두 송이를 바쳐서 다음에 태어나면 수메다
의 아내가 되게 해 주는 소원을 빌어 주면 연꽃을 다 팔겠다고 했다.
수메다는 그렇게 하겠다고 약속했다. 또 원숭이들의 왕으로 태어났

을 때, 사람들이 원숭이의 식량인 망고 열매를 빼앗으려고 숲에다 불을 지르자 나무 위의 덩굴을 잡고 반대편 강기슭으로 원숭이들을 피난시켰다. 그때 덩굴의 길이가 짧아 이 원숭이 왕은 덩굴의 끝을 잡고 원숭이들이 자신의 등을 밟고 강 건너편으로 달아나도록 했다. 그런데 마지막으로 강을 건너던 장난꾸러기 원숭이가 일부러 왕의 등을 힘껏 밟으면서 그만 줄을 놓쳐 강물에 빠져 죽기도 했다.

또 금 거위로 태어난 적도 있었다. 그 금 거위는 자신이 어떻게 금 거위로 태어났는지 곰곰이 생각해 보니 오래전에 사람으로 태어나 아내와 세 명의 딸이 있다는 것을 알았다. 그들이 매우 가난하여 힘들게 살고 있는 것을 알고 금 거위는 그곳으로 날아가 금으로 된 깃털을 하나씩 주었다. 딸 셋이 금 거위에게 어디에서 와서 도와주느냐고 물으니 금 거위는 대답했다.

"나는 너희의 아버지다. 죽은 뒤에 금 거위로 태어났고, 가난하게 살고 있는 너희가 안타까워서 이렇게 찾아왔다. 이제부터는 행복하게 지낼 수 있다. 금 깃털을 하나씩 가져가거라. 다음에 또 오마."

금 거위는 하나씩 깃털을 뽑아 주고는 날아가 버렸다. 그들은 금 깃털을 팔아 행복하게 지냈다.

어느 날 어머니가 세 딸에게 말했다.

"원래 새들의 마음은 알 수가 없는 법이다. 언제 날아가 버릴지 모른다. 너희 아버지라고 하는 저 금 거위도 언젠가 오지 않을 것이다. 그러니 다음에 오면 잡아서 금 깃털을 다 뽑아 버리도록 하자."

딸들은 그렇게 하고 싶지 않았지만 어머니는 금 거위가 왔을 때 잡아서 금 깃털을 전부 뽑아 버렸다. 그러나 거위에서 빠져나간 깃털은 하얗게 변하고 말았다. 어머니는 화가 나서 금 거위를 병 속에 가두고 모이를 주며 깃털이 다시 자라기를 기다렸지만 새로 난 깃털은 다 흰 깃털뿐이었다. 어머니는 금 거위가 아무 쓸모없게 되자 병에서 끄집어내 주었다. 그러자 흰 털이 금 깃털로 바뀐 금 거위는 먼 하늘인 도솔천으로 날아가 버렸다.

도솔천은 착한 일을 하는 이들이 태어나는 곳인데, 그곳은 생각만 하면 음식이 나오고 아름다운 음악이 들리는 곳이었다. 도솔천에서 하루가 지나면 사람 세상에서는 4백 년이 지났다. 그 안에서도 가장 마음이 깨끗한 이들이 사는 내원궁은 언제나 향기를 풍기는 꽃들이 비단처럼 수를 놓았고 맑은 새소리가 가득했다. 그곳에서 그는 4천 년 동안 모든 이의 존경을 받으며 살았다. 그렇게 긴 시간이 지난 어느 날, 그의 머리를 장식한 꽃들도 시들고 먼지도 묻지 않았던 옷에 때가 묻었다. 눈에는 슬픔이 가득했다. 도솔천에 사는 이들은 그가 어디론가 떠날 때가 되었다는 것을 알았다. 그는 도솔천의 모든 이에게 세상의 착한 사람들이 사는 샤카족의 땅 히말라야에서 태어나겠다고 말했다.

샤카족이 사는 카필라 왕국의 마야 왕비는 여름날 밤에 신비한 꿈을 꾸었다. 황금으로 된 여섯 개의 이빨을 가진 흰 코끼리가 옆구리로 들어오는 꿈이었다. 잠에서 깬 왕비는 슈도다나 왕에게 꿈 이야기를 했다. 왕은 지혜로운 이들을 불러 꿈의 뜻을 물으니 다들 훌륭한 왕자가 태어날 것이라고 예언했다.

슈도다나 왕은 마흔이 넘도록 자식이 없어서 애를 태우고 있던 때였다. 왕은 너무 기뻐서 성 밖의 굶주린 이들에게 음식과 옷을 나누어 주었다. 마야 왕비가 왕과 함께 히말라야의 눈 덮인 산이 보이는 룸비니 동산에 이르렀을 때였다. 그때가 기원전 624년 음력 4월 8일이었다.

샛별이 빛나고 동이 터오는 새벽, 룸비니 동산에 갑자기 붉고 푸른 꽃비가 하늘에서 쏟아졌다. 그때 왕비의 오른쪽 옆구리에서 아기가 태어났다. 아기는 태어나 사방으로 일곱 걸음씩 걸으며 오른손으로 하늘을 가리키고 왼손으로 땅을 가리켜 이렇게 말했다.

하늘 위와 아래
내가 오직 귀하노니
온갖 괴로움에 쌓인 세상을
마침내 편안하게 하리라.

아기가 걸음을 옮길 때마다 꽃비가 쏟아졌다. 아홉 마리의 용이 나타나 물을 뿌려 아기를 목욕시키자 아기의 몸에서 향기가 진동하는 신비한 일이 일어났다.

왕자가 태어나자 슈도다나 왕은 기쁨을 감추지 못했다.

지혜로운 이들이 달려와 아기의 모습을 보며 말했다.

"이제 왕자가 태어났으니 이 왕자가 사람들끼리 칼과 창으로 서로를 죽이고 상처받는 일을 그치게 할 것입니다. 왕자님은 어떤 목적이든 다 이룰 것입니다."

슈도다나 왕은 왕자의 이름을 '원하는 모든 것을 이룬다'는 뜻을 가진 '싯다르타'로 불렀다. 그러나 싯다르타가 태어난 지 일주일 만에 어머니 마야 왕비는 그만 죽고 말았다. 싯다르타는 마야 왕비의 여동생인 마하파자파티가 보살폈다.

이 무렵 히말라야 깊은 숲 속에서 수행을 하고 있던 수행자 아사타가 왕자가 태어났다는 소식을 듣고 왕을 찾아와 말했다.

"왕자님은 사람 가운데 가장 뛰어난 분이 될 것입니다. 가장 높고 바른 깨달음을 얻어 수많은 사람을 괴로움에서 구하고 세상에서 가장 존경받을 것입니다."

왕은 수행자의 말을 듣고 싯다르타가 자신의 뒤를 이어 인도의 모든 왕국을 정벌해서 가장 넓은 땅을 가지고 백성들을 행복하게 살게 해 준다는 뜻으로 받아들였다.

싯다르타는 무럭무럭 자랐다. 왕은 서른두 명의 여인을 뽑아서 싯다르타를 돌보게 했지만 그의 이모 마하파자파티는 그들의 손에 한시도 왕자를 맡기지 않고 지극하게 보살폈다. 싯다르타가 일곱 살이 되던 해, 왕은 뛰어난 학자들을 불러 그를 가르치게 했다. 그는 그들로부터 64가지 문자를 익히고 수학과 신화, 논리학, 동물학, 식물학을 배우고 승마와 창술, 궁술, 격투기까지 익혔다.

싯다르타는 지혜롭고 용감하게 자랐다. 그의 옆에는 늘 마부 찬나가 따라다녔다. 슈도다나 왕은 그를 봄, 여름, 겨울 세 개의 궁전에 머물게 했다. 그가 목욕을 마치고 나오면 시종들이 몸에 향기로운 꽃기름을 바른 뒤 비단옷을 입혀 주었고 들로 나가 놀 때에는 말을 탄 용감한 무사들이 그를 지켜 주었다.

싯다르타가 열두 살이 된 어느 날, 왕은 아들을 성 밖으로 데리고 나갔다. 그날은 한 해의 농사가 잘되기를 기원하는 날이었다. 그는 처음으로 성 밖에서 농사를 짓는 이들의 모습을 보았다. 농부들은 밭을 가느라 굵은 땀방울에 옷이 다 젖어 있었다. 그는 농부가 지쳐서 쉬는 것을 보고 이런 생각이 들었다.

'모든 사람이 다 나처럼 행복하지 않구나. 들판의 새들은 농부들이 갈아엎은 흙 속에서 기어 나온 벌레들을 날아와 잡아먹는다. 힘이 약한 것들은 강한 것에 늘 죽고 마는구나. 서로 죽이지 않고 싸우지 않고 살 수는 없을까……'

그는 자주 생각에 잠기기 시작했다.

하루는 하늘로 날아가는 한 무리의 백조 가운데 갑자기 한 마리가 화살을 맞아 그의 앞으로 떨어졌다. 아직 죽지 않아서 그는 백조의 상처를 치료해 주었다. 그때 사촌인 데바다타의 하인이 찾아와 그 백조는 데바다타가 잡은 것이니 달라고 했다.

그는 말했다.

"백조가 아직 살아 있으니 내가 치료해서 멀리 놓아주겠다. 그렇게 전해라."

이 일로 데바다타는 싯다르타를 미워하게 되었다.

그는 총명하고 뛰어났으며 한 번 배운 것은 잊지 않았다. 그는 궁 밖의 세상을 알고 싶어서 왕의 허락을 받아 찬나와 함께 나왔다. 황금으로 장식한 마차를 타고 성 밖으로 나서서 달리는데 허리가 굽은 노인이 밭에서 일을 하고 있었다.

그는 찬나에게 물었다.

"어떻게 저 사람은 늙어 몸도 가누지 못하면서 저렇게 밭에서 일을 하고 있느냐?"

"왕자님, 나이가 들면 다 늙습니다. 늙어도 일하지 않으면 굶어 죽습니다."

"전에 보았던 농부는 젊은 사람이었다. 그런데 저 노인을 보니 나도 언젠가 저렇게 늙게 되는구나."

"왕자님, 세상에 늙지 않는 것은 아무것도 없습니다. 늙어서 결국은 죽고 맙니다."

찬나는 대수롭지 않은 듯이 말했지만 그는 깊은 슬픔을 느꼈다. 늘 궁 안에서 화려한 옷과 넉넉한 음식, 젊고 아름다운 사람들만 보아 온 그로서는 그 노인의 힘든 모습이 잘 잊히지 않았다.

그는 생각했다.

'지금 건강한 사람은 언제까지 건강할 것이라고 믿는다. 아직 젊은 사람은 언제나 젊을 것이라고 안다. 사람들은 누구나 아직 살아 있으니 언제까지나 살아 있을 것이라고 생각한다. 그러나 사람은 병들고 늙고 고통을 받는구나. 지금 나도 영원한 모습이 아니다. 언젠가 늙고 병들고 죽을 것이다. 이것은 얼마나 무서운 일인가. 이것은 피할 수 없는 현실이구나. 이런 고통을 뛰어넘을 수는 없을까?'

그는 찬나와 함께 여러 번 성 밖으로 나가 백성들이 어떻게 살고 있는지 살펴보았다. 길가에 쓰러진 채 누워 있는 병든 사람도 보았다. 다리에서는 고름이 흐르고 있었고 그 상처에는 파리 떼가 달라붙어 있었다. 또 한 번은 죽은 사람을 마차에 싣고 슬피 울며 가는 상여 행렬을 만났다. 그 모습을 통해서 사람은 누구나 병이 들고 세상에 태어나면 한 번은 죽는다는 것을 두 눈으로 보았다. 그는 자꾸만 생각에 빠져들었다. 어떻게 하면 이런 고통에서 벗어날 것인지 알고 싶었다.

그런 어느 날, 카필라 왕국에 무술 대회가 열렸다. 왕국과 왕국 사이에는 영토를 두고 싸움이 자주 일어났기 때문에 나라를 잘 다스리려면 무술을 뛰어나게 익혀야 했다. 싯다르타는 칼 쓰는 법부터, 활 쏘는 법, 말 타는 법이 뛰어나서 아무도 그와 견주어 맞서 싸울 사람이 없었다. 카필라 왕국의 뛰어난 무예를 가진 젊은이들이 출전한 무술 대회에서 그는 최고 무사로 뽑혔지만 마음이 편하지 않았다. 싸움에 진 무사들의 얼굴에는 분함과 슬픔이 새겨져 있었다. 그는 무술 대회를 통해서 이기면 진 사람에게서 원한을 사기 쉽고 지면 비굴해져서 괴로우니, 두 가지를 다 버리는 길을 찾고 싶었다.

슈도다나 왕은 싯다르타의 얼굴에서 점점 깊은 생각의 그늘이 자리 잡아 가는 것을 보고 빨리 결혼을 시키기로 했다. 왕은 그가 열아홉 살 때 지혜롭고 선량한 성품을 가진 야수다라 공주와 결혼을 시켰다. 슈도다나 왕은 그의 마음을 잡기 위해 머지않아 왕의 자리도 그에게 물려주겠다는 결심을 하고 있었다.

그러나 그의 생각은 달랐다.

'결혼을 한다고 해서 늙고 병들지 않는 것이 아닌데, 이게 무슨 소용이 있다는 말인가. 화려한 궁전 속의 하루하루도 부질없고 사람들이 부러워하는 나의 이 빛나는 몸도 무슨 의미가 있는가. 언젠가는 늙기 마련이고 병들어서 죽음을 피할 길이 없지 않은가. 나는 늙음과 병듦, 죽음의 길을 결코 가지는 않겠다. 그 모든 것을 초월해서

나고 죽는 모든 고통을 벗어나고 싶다.'

야수다라 공주도 싯다르타의 마음속에서 자라고 있는 생각을 지울 수는 없었다. 그렇게 10년의 세월이 흘러갔고 그들 사이에 아들이 태어났다. 왕은 물론 백성들도 기쁨을 감추지 못했으나 그때 그는 숲 속에 들어가 깊은 생각에 잠겨 있었다. 아들이 태어났다는 소식을 찬나에게서 들은 그는 탄식하듯 이렇게 말했다.

"라훌라……!"

이 말은 장애물이라는 뜻이었다. 그는 아들이 태어나 자신이 깨달음을 향해 가는 길이 방해를 받을까 두려웠다. 그가 라훌라라고 한 외침은 그대로 아들의 이름이 되었다. 그는 탄식하면서도 자기 대신 왕의 자리를 이어받을 후손이 태어났으니 드디어 그에게 깨달음을 찾아 떠날 때가 왔다고 생각했다.

선재는 나무 불상에게 물었다.

"어떻게 가족과 아들, 그리고 모든 즐거움을 버리고 떠날 수 있는지 정말 알 수 없어요. 더구나 싯다르타는 왕자님이었는데……. 모든 이들이 다 부러워하지 않았나요?"

나무 불상은 고개를 끄덕이며 빙그레 웃었다.

"누구나 그렇게 생각한단다. 선재야 나도 하나 물어보자. 너는 왜 대학을 가지 않고 할머니에게서 반찬 만드는 솜씨를 배우고 있지?

누구나 다 대학 가서 공부를 하는 것을 당연하게 생각하는데 말이다."

"그건, 저는 반찬 만드는 일이 정말 좋아요. 싯다르타도 아시지요? 할머니가 세상에서 반찬을 가장 잘 만드신다는 것을."

"그럼, 알고 있지. 할머니 마음도 정성스럽단다."

"그래요, 싯다르타. 제게는 할머니가 대학이고, 최고의 스승이시니까요. 누구든지 다 대학을 간다고 해서 저도 갈 필요는 없어요. 정말 자기가 하고 싶은 공부를 찾아서 하면 되지 않나요?"

"그래, 그렇단다. 나도 그와 같단다. 누구든지 나서 늙고 병들어 죽는 길을 가지 않고 나는 이 모든 것을 넘어서는 길을 찾아 나섰지. 그건 말이다, 누구든지 가려고 하는 대학을 가지 않고 자기만의 길을 찾아 나서서 할머니를 스승으로 삼아 공부하는 선재의 마음과 다를 바가 없단다."

선재는 고개를 끄덕였다. 달이가 두 사람의 얼굴을 번갈아 가며 보고 있었다. 보름달이 하늘 한가운데로 떠올랐고, 달빛이 마루 안으로 하얗게 들어왔다. 나무 불상도 고개를 끄덕였다.

깨달음으로
가는 길

왕궁을 떠나 깨달음의 길을 찾기로 결심한 싯다르타는 깊은 밤, 잠든 야수다라 공주와 갓 태어난 아들 라홀라의 얼굴을 연민이 가득 찬 눈빛으로 바라보며 생각했다. 젊은 시절은 늙음으로 끝나고 이제 갓 태어난 아들에게도 언젠가는 갑자기 죽음이 찾아와 짧은 인생이 끝나고 만다. 여기에 머물러 있다면 어리석고 어리석은 일을 뒤따라 갈 뿐이 아닌가. 그 어딘가에 분명히 이 늙음과 병듦, 죽음으로부터 벗어나는 길이 반드시 있을 것이다. 그는 자기 자신은 물론, 야수다라와 라홀라, 그리고 고통을 받고 있거나 고통 받고 있는 줄조차 모르고 있는 모든 이를 위해서 반드시 그 길을 찾고야 말겠다는 결심을 세웠다.

그는 찬나를 불러 떠날 준비를 하게 했다. 스물아홉 살, 아름다운 아내 야수다라와 하나뿐인 아들 라홀라, 그리고 왕자의 자리와 카필라 사람들이 부러워하는 즐거움을 버리고 궁을 떠났다. 그것은 그 자신과 그 자신을 둘러싼 모든 환경과 지위를 포기하는 위대한

순간이었다.

찬나는 싯다르타가 가장 아끼는 백마 칸타카를 몰고 왔다. 그는 말을 타고 찬나와 함께 궁을 떠났다. 그때가 기원전 595년, 음력 2월 8일이었다.

그는 찬나와 함께 밤새도록 말을 달려 강에 이르렀다.

아침 햇빛이 강물에 뛰어들고 있었다. 그는 강가에서 칼로 긴 머리를 자르고 몸에 지니고 있던 패물을 머리카락과 함께 전부 찬나에게 주면서 말했다.

"찬나야. 이제 나는 뜻을 이루기 전에는 결코 궁으로 돌아가지 않을 것이다. 나를 장식한 이것들과 머리카락을 야수다라에게 전해 주어라. 나는 영원한 지혜의 길을 찾기 위해서 길을 떠났다고."

그는 지나가는 사냥꾼을 불러 그의 화려한 옷과 바꾸어 입었다. 머리를 자르고 낡은 가죽 옷을 입은 그의 모습은 전혀 카필라 왕국의 왕자 모습으로는 보이지 않았지만 깊은 눈매와 굳게 다문 입술은 아침 햇빛 속에 선명하게 빛났다.

그는 찬나와 백마를 돌려보내고 나서 진리를 찾는 수행자를 찾아가 공부를 시작했다. 박가바 스승에게서는 참는 법을 배웠고 칼라마 스승에게서는 명상하는 법을 배웠다. 웃다카 스승에게서는 정신을 집중하는 법을 배웠다.

박가바는 몸을 괴롭혀 큰 인내를 깨닫는 방법을 가르쳤다. 제자들은 온갖 고통을 겪으며 수행을 하고 있었다. 가시덤불 속에 앉은 사람도 있고, 한 발로 하루 종일 서 있는 사람, 두 팔을 공중으로 뻗친 사람도 있었다. 그들은 고행을 통해 하늘에서 다시 태어난다고 믿었다. 그의 눈에는 그것들이 몹시 실망스러워 보였다. 그렇게 고행을 한다고 해서 늙고 병들고 죽는 것이 사라지지 않기 때문이었다.

그는 그곳을 떠나 남쪽으로 내려가 수행자 칼라마를 만났다. 칼라마는 흰 수염이 발까지 늘어져 있었다. 수백 명의 제자들이 밤에도 자지 않고 모든 생각을 지우는 명상에 드는 수행을 하고 있었다. 그러나 그곳에서도 그는 자신이 찾는 깨달음을 찾을 수가 없었다. 생각을 지운다고 늙고 병드는 굴레에서 벗어날 수는 없었다. 그는 다시 그곳을 떠나 정신을 집중시켜서 자신이 있는 것도 아니고 없는 것도 아닌 것이 되게 하는 명상법을 가르치는 웃다카를 찾아가 공부했다. 그는 단번에 스승의 경지를 넘어섰지만 역시 허전함을 메울 수가 없었다. 여전히 마음의 괴로움을 벗어날 수 없었다. 그제야 그는 마음의 괴로움이 밖에서 오는 것이 아닌데 밖에서 스승을 찾아 아무리 공부한들 무슨 소용이 있겠느냐는 깨달음이 확 들었다. 그는 스승을 찾아 밖에서 헤맬 것이 아니라 자기 자신에 의지하여 공부하기로 결심했다.

마침내 그는 혼자서 길을 떠나 우루빌바 마을의 가야산 숲으로 들어갔다. 웃다카 아래에서 공부하던 수행자 다섯 사람이 단번에 스승 웃다카의 경지에 다다른 그의 능력을 보고는 함께 공부하고 싶어 따라왔다. 그는 먹고 자는 것도 잊어버린 채 단식을 하면서 나무 아래서 명상에 들어갔다. 제대로 먹지 않아서 살가죽이 뼈에 붙었고 눈은 쑥 들어갔다. 그가 왕궁을 떠나 쉬지 않고 공부한 지 6년이 지났으나 그는 여전히 왜 사람이 나서 늙고 병들어 죽는지에 대한 의문을 풀지 못했고, 그 모든 괴로움을 여전히 끊지 못했다.

그는 아무리 몸을 학대하고 굶으면서까지 생각에 생각을 거듭하여 나아가도 괴로움을 끊지 못하는 이유가 무엇인지 찾아 나갔다. 마침내 그는 몸을 맑게 하고 마음을 고요하게 하기로 수행의 방식을 바꾸었다. 밥을 굶고 잠도 자지 않는 수행 방법은 어리석어서 몸을 망치고, 아프고 병든 몸 때문에 제대로 된 수행을 할 수 없다는 것을 알았다.

강으로 가 목욕을 한 뒤 나온 그는 오래 음식을 먹지 않은 탓으로 어지러워 쓰러졌다. 강가를 지나던 처녀, 수자타가 그를 보았다. 수자타는 그가 말라서 뼈가 드러나고 거지처럼 남루한 옷을 입었지만, 얼굴에서는 향내가 나고 눈빛은 별처럼 빛나는 것을 보았다.

'아, 참으로 귀한 분이구나. 부디 드높은 뜻이 이루어지기를!'

수자타는 마음속으로 기원하며 그에게 우유죽을 끓여 왔다. 수자타가 주는 우유죽을 먹고 그는 기운을 차렸다. 그러나 그를 따라온 다섯 사람은 여자가 주는 음식을 먹고 기운을 차리는 그의 모습을 보고는 크게 실망해서 그의 곁을 떠나 버렸다. 그는 또다시 혼자가 되었다. 마음속을 불태우는 괴로움은 여전히 남아 있었다.

'여기 이 자리에서 내 몸의 가죽과 뼈와 살이 다 썩어도 좋다. 그 어떤 세상에서도 알기 어려운 깨달음에 이르기 전에는 이 자리에서 죽는다 해도 결코 일어나지 않겠다.'

그는 속으로 맹세한 뒤 보리수 그늘 아래에 단정히 앉아서 깊고 고요한 명상 속으로 빠져들어 갔다. 그렇게 깊게 명상에 들어 있을 때 하늘에서 마왕 마라가 찾아와 유혹했다.

"싯다르타여, 그대가 이렇게 먹지 않고 수행하면 죽음이 찾아옵니다. 마음을 다스리고 번뇌를 끊는 길은 영원히 없소. 차라리 불을 섬기고 불의 신에게 제물을 바치면 행복해질 것이오."

그는 대답했다.

"마라, 나쁜 자여, 이미 나는 세상의 행복을 버리고 왔으니 그런 말로 나를 유혹하지 말라. 나는 죽음을 두려워하지 않는다. 이 몸은 어떤 욕망도 없다. 차라리 깨달음을 얻지 못하면 번뇌와 싸우다 죽어 버리고 말겠다."

마라가 아무리 유혹해도 싯다르타가 꿈쩍도 하지 않으니 마라의 세 딸 탄하, 아라티, 라가가 나서서 유혹했다. 보리수 아래로 내려간 마라의 딸들은 그의 앞에서 온갖 춤을 추고 옷을 벗어 던지며 그의 몸을 쓰다듬었으나 그는 꿈쩍도 하지 않고 오히려 그들을 타일렀다.

"당신들의 몸은 아름다우나 그 속은 깨끗하지 못하구나. 수행자를 유혹하는 악행이 거듭 쌓이면 짐승의 몸을 받을 것이니 그만 물러가라."

싯다르타가 타이르자 젊고 아리따운 모습을 한 마라의 딸들은 갑자기 주름이 진 노파의 모습이 되고 말았다. 마라는 분노가 치밀어서 부하들에게 창과 칼을 들고 그를 공격하게 했지만 그의 옷자락도 건드리지 못했다. 그를 향해 던지는 바위는 꽃송이가 되었고 화살과 창은 꽃잎이 되어 흩어져 버렸다. 마침내 마라도 물러가고 말았다.

그는 명상에 명상을 거듭하여 드디어 온갖 욕망을 떠난 기쁨과 즐거움이 가득한 단계에 이르렀고, 이어 그런 생각마저 떠난 데서 생기는 기쁨과 즐거움이 찾아왔고, 기쁨과 즐거움마저 떠나는 단계가 왔다. 마침내 기쁘지도 즐겁지도 않으면서 한없이 맑고 향기로우면서도 어떤 것에도 장해를 받지 않는 상태가 되었다. 그는 깊은 명상 끝에 나고 늙고 병들고 죽는 이 굴레에서 벗어나지 못하는 까닭이 바로 괴로움, 번뇌 때문임을 드디어 알았다.

'사람들은 왜 서로 미워하고 싸우는가? 자기만 이익을 더 많이 가지고 행복하려 하기 때문이다. 행복하려고 하는 것은 어리석기 때문이고 어리석음이 없어지면 싸움도 고통도 사라진다.'

그가 마음을 덮고 있었던 모든 때를 걷어 내어 고요하게 하니, 그의 속에서 한없이 깊고 향기로운 울림이 번져 오는 것을 보았다.

오랜 명상 속에서 모든 살아 있는 것들의 지난날 모습이 다 보였고, 이들이 죽고 태어나는 모습이 낱낱이 보였으며, 마침내는 모든 괴로움과 고통이 사라지고 더러움이 말끔히 사라지는 자신의 모습을 보았다.

무엇보다 그는 자신이 만났던 지혜롭고 자비로운 이 깨달음은 본래 우주에 있는 것이며 누구나 그곳에 이를 수 있다는 것을 알았다. 그는 눈을 떴다. 보리수 아래서 명상에 든 지 이레째 되는 날이었고 진리를 찾아 왕자의 자리를 버리고 나선 지 6년째인 기원전 589년 음력 12월 8일 새벽이었다.

그는 고요히 눈을 뜨고 새벽별을 보는 순간 모든 것을 확 깨쳤다. 마음속에 있던 모든 괴로움과 집착이 사라졌다. 그가 새벽별을 보고 깨달음에 이르자 하늘에서 수많은 천사가 찾아와 꽃을 뿌렸다. 그가 앉아 있는 자리로 하늘의 온갖 꽃잎이 쌓이고 수많은 노랫소리가 들렸다.

그는 보리수 아래서 꼼짝 않고 앉아 있었다. 49일 동안 나무를 옮겨 다니며 명상에 들면서 나고 늙고 병들고 죽는 모든 괴로움에서 벗어난 즐거움을 고요히 누렸다. 그사이 마라가 다시 나타나 이제 깨달음을 얻었으니 바로 하늘로 올라가기를 유혹했으나 그는 거절했다.

"깨달음을 얻었다고 해서 아무것도 하지 않고 침묵하고 사람들을 괴로움에서 건져 내지도 않고 죽음에 이르는 것은 깨달은 사람이

하는 일이 아니다."

보리수 숲으로 일주일간 폭풍우가 몰아쳐 왔다. 갑자기 용왕이 나타나 자신의 몸으로 싯다르타의 몸을 둘러싸서 거센 비바람과 추위를 막아 주었다. 사나운 폭풍우가 숲을 지나갔지만 그의 눈빛은 조금도 흔들리지 않았다.

'깨달음을 얻어 기쁜 이는 홀로 있어도 행복하다. 모든 욕심의 굴레에서 벗어나 교만한 마음을 버리면 그 누구보다 행복하다.'

싯다르타는 나무 아래서 시간을 보내면서 자신이 깨달은 이 진리를 욕심에 사로잡혀 있는 이들은 결코 볼 수 없다는 것을 알았다. 또한 이 깨달음은 바깥에서 오는 게 아니라 스스로 얻는 것이며 그러기 위해서는 끝없는 인내심을 가지고 나아가야 한다는 사실도 알았다. 그래서 깊고 어렵고 섬세하면서도 단순한, 모든 생각을 넘어서는 완전한 이 진리를 알아듣고 받아들일 사람이 있는지, 다들 자기가 믿고 좋아하는 것만 옳다고 하는데 이 가르침을 어떻게 전할 것인지가 고민이 되었다.

"이 깨달음을 가르친다 해도 아무도 알아듣지 못한다면 어떻게 할 것인가? 이 깨달음은 괴로움이 티끌만큼도 남아 있어서는 안 된다. 세상에 나서 세상에서 자라지만 동시에 세상을 벗어나고 세상에 닿지 않는 이 진리를 어떻게 전할 것인가."

이때, 하늘의 왕인 제석천이 내려와 간곡히 그에게 부탁했다.

제석천왕은 그를 깨달은 이, 잠에서 깨어난 사람의 뜻을 가진 붓다, 부처님이라고 불렀다.

"부처님, 불법의 문을 여소서. 불법을 전하지 않으면 살아 있는 자는 타락하고, 그 법을 전하면 깨닫는 자도 있을 것입니다. 지혜의 빛으로 세상을 밝히십시오. 근심에 빠져 있고, 나고 늙고 병들어서 죽어 가는 길에 빠져 있는 이들에게 진리의 빛을 전해 주십시오."

그는 제석천왕의 말을 들으며 세상을 빠짐없이 바라보았다. 사람들 가운데에는 눈이 엷게 가려진 사람도 있고 두껍게 가려진 사람도 있었다. 가르치기 쉽거나 가르치기 어려운 사람, 잘못된 행동으로 위험에 처한 사람과 그렇지 않은 사람들, 수많은 이가 섞여 있는 게 잘 보였다. 그는 세상을 연민으로 가득 찬 눈으로 바라보며 결심했다.

'생사의 문은 열려 있다. 귀 있는 자들이여, 믿음을 밝혀라.'

그가 깨달음을 얻었다는 소문이 세상 속으로 조용히 번져 나갔다. 이웃 마을의 장사치 타풋사와 발리카가 찾아와 떡과 꿀을 올렸다. 이들은 처음으로 그의 가르침을 따르는 신자가 되었다. 그는 49일 동안 네란자라 강가의 숲에서 고요히 깨달음의 즐거움을 누린 뒤 보리수나무 아래를 떠나 그 기쁨을 모든 이에게 전하기 위해 세상 속으로 걸어갔다.

7

가르침의
긴 여행

그는 깨달음의 지혜를 누구에게 가장 먼저 가르칠 것인가 하고 생각했다. 가장 먼저 떠오른 사람은 그가 처음 출가해서 가르침을 받았던 스승들이었으나 그들은 이미 죽고 없었다. 그리고 그를 따라왔던 다섯 제자들은 바라나시의 녹야원(사슴 동산)에 있었다. 그래서 그는 갠지스 강을 건너 그곳까지 가기로 했다.

갠지스 강은 한껏 불어 있었다. 그가 강을 건너고 싶다고 하니 뱃사공이 돈을 내라고 말했다. 돈을 가지고 있지 않았던 그는 빙긋 웃으며 공중을 날아 맞은편 강기슭에 섰다. 사람들이 놀란 눈으로 그를 쳐다보았으나 그는 아랑곳하지 않고 녹야원에 있는 다섯 수행자를 찾아갔다. 다섯 수행자는 온몸에 빛이 나는 그의 모습에 감동을 받아 저도 모르게 허리를 숙였지만 그와 같이 수행을 했기 때문에 그를 "벗이여."라고 불렀다.

그는 그들에게 말했다.

"이제부터 나를 여래라고 하라. 벗이라는 말로 불러서는 안 된다.

여래란 위없는 완전한 깨달음을 성취한 사람이며, 동시에 이 진리의 세계를 가르치는 사람이다. 여래는 나고 늙고 병들어 죽는 이 길의 굴레를 벗어나서 해야 할 일을 다 마친 사람이다."

그러나 다섯 수행자들은 이 말이 믿기지 않아서 여전히 벗이라고 부르며 물었다.

"함께 수행했던 벗이여, 당신은 우리가 기억하기에 금욕과 고행, 자기 몸을 학대하는 치열한 고행을 할 때에도 어떤 지혜도 얻지 못했는데 어떻게 지금 세상을 초월한 지혜의 눈을 얻었단 말인가? 여인이 준 우유죽을 얻어먹은 것을 보고 우리가 얼마나 실망스러워했는지 아는가. 그것은 이미 수행을 포기하고 방탕함에 이르는 행동이 아니고 무엇이던가?"

"여래는 한 번도 정진을 그만둔 적이 없다. 영원히 죽지 않는 지혜의 깨달음은 이미 이루었다. 이제 이 깨달음을 얻기 위해 그대들은 그 어느 쪽에도 치우치지 않는 중도를 배워야 한다. 중도는 진실한 깨달음에 이르는 여덟 가지 바른 길이다. 바른 견해(정견, 正見), 바른 사유(정사유, 正思惟), 바른 말(정어, 正語), 바른 행위(정업, 正業), 바른 생활 수단(정명, 定命), 바른 노력(정정진, 正精進), 바른 마음 챙김(정념, 正念), 바른 마음 집중(정정, 正定)을 이르는 말이다. 여래는 바로 이 이치를 깨달아서 비로소 부처에 이른 것이다. 그러나 여래는 다만 그대들에게 길을 가르쳐 줄 뿐이다. 그대들은 스스로 노력해서 나고 늙고 병들어 죽는 이 생로병사의 굴레에서 벗어나야 한다."

그는 인내심을 가지고 그들에게 말했다. 다섯 수행자는 한 번도 그런 말을 들어 본 적이 없었다. 그리하여 그들은 그의 설법을 들은 최초의 다섯 제자가 되었다. 그날은 기원전 589년 음력 7월 보름날이었다. 해가 지고 동산에 둥근 달빛이 가득했다.

그는 다섯 제자에게 말했다. 달빛이 그의 목소리마다 스며들어 어둠을 환하게 밝히고 있었다.

"수행자들이여, 그대들이 깨달음을 공부할 때 조심해야 할 것은 두 가지이다. 하나는 눈으로 즐거움을 보고, 입으로 맛있는 음식을 먹고, 귀로 달콤한 소리를 듣는 감각적인 쾌락에 머물지 말 것이다. 이는 천박하며 아무런 이익이 없다. 나머지 하나는 몸을 함부로 하는 고행이다. 이 또한 고통스럽고 아무런 도움이 없다. 오직 중도의 길, 팔정도를 실천하기 위해 모든 시간과 정성을 다해야 한다."

그는 처음으로 다섯 제자에게 팔정도의 가르침을 전함으로써 고통과 괴로움이 가득 찬 세상에 가르침의 첫발을 내디뎠다.

이 무렵 바라나시의 부잣집 아들인 야사가 찾아와 너무 괴롭다고 말했다. 야사는 여래에게 괴로움에서 구해 달라고 사정했다.

"집에서는 날마다 잔치가 열렸습니다. 어느 날, 취해서 잠을 자다가 깨어 보니 아름다운 모습으로 춤을 추던 여자들과 시녀들도 추한 모습으로 잠들어 있는 것을 보고는 놀라서 집을 뛰쳐나와 헤매다가 부처님을 찾아왔습니다. 제가 사는 곳은 무덤처럼 흉하고 썩은 냄새가 풍기는 곳입니다. 이런 줄도 모르고 즐기고 놀았으니 제 자신이 너무 싫고 괴롭습니다."

그는 야사에게 미움도 괴로움도 없는 길이 무엇인지 보여 주었다.

"괴로움은 병이다. 네가 사는 곳은 위험하고 불안하다. 끝없이 허전할 뿐이다. 비록 지금 네 마음이 괴롭다 해도 다시 그 잘못을 되풀이하지 않으면 먹구름을 벗어난 달처럼 환해질 것이다."

야사는 여래의 말을 듣고 그 자리에서 머리를 깎고 그의 제자가되었다. 아들이 없어진 것을 안 아버지는 아들을 찾다가 녹야원에 있는 것을 알게 되었다. 아버지는 아들을 찾아 녹야원에 왔다가 그의 신도가 되었고 다음 날에는 그의 어머니도 신도가 되었다. 이 소문이 사람들의 입을 타고 번졌다. 바라나시 사람들은 그를 찾아와 가르침을 들었다. 야사의 친구들도 그의 제자가 되어 제자는 60명이 되었다.

그는 제자들에게 말했다.

"나는 인간을 얽어매는 모든 굴레를 벗어나 자유롭게 되었다. 너희도 나고 늙고 병들고 죽어 가는 이들을 만나 이 가르침을 전해 주어라. 세상 사람들이 나의 가르침을 듣는다면 깨달은 사람인 아라한의 자리에 오를 것이다. 그리고 너희가 가르침을 전할 때에는 그들에게 존경 받겠다는 생각을 해서도 안 되고, 교만해서도 안 된다. 사람들이 가르침을 얻어 기뻐하는 것을 나의 가르침을 전하는 너희의 공덕으로 생각하면 이는 가르침을 팔아서 먹고사는 아귀, 굶주린 귀신에 불과하다. 그러니 항상 몸을 낮추어 가르침을 전해야 한다."

그는 자신의 마음을 잘 다스려서 나쁜 생각을 버리고 좋은 생각을 하도록 해야 한다고 제자들에게 전했다. 제자들이 구름처럼 점점 불어났다. 그가 제자들을 가르치는 목소리는 끝없이 이어졌다.

"수행자들이여, 괴로움이란 무엇인가? 여기에 괴로움에 대한 네 가지 진리가 있다. 괴로움에 대한 성스러운 진리, 괴로움의 발생에 대한 성스러운 진리, 괴로움의 소멸에 대한 성스러운 진리, 괴로움의 소멸에 이르는 성스러운 진리가 그것이다. 태어남도 괴로움이고 늙음도 괴로움이며 병도 괴로움, 죽음도 괴로움이다. 사랑하는 사람과 헤어지는 것도 괴로움이고 미운 사람을 만나는 것도 괴로움이다. 구하는 것을 얻지 못해서 괴롭고 구한다 해도 그것을 오래 지키지 못해서 괴롭지 않은가."

제자들은 처음으로 듣는 그의 가르침에 자신도 모르게 눈이 환하게 밝아지고 가슴에서 맑은 기운이 일어났다. 그는 계속 말했다. 달빛이 그의 온몸을 감싸 안았다. 바람 소리도 그의 목소리 앞에 가만히 내려앉아 귀를 기울이고 있었다.

"그러면 괴로움의 발생이란 무엇인가? 온갖 괴로움은 원인이 있어 생겨난다. 그 원인은 바로 기쁨과 즐거움을 추구하는 욕망이다. 괴로움의 소멸이란 무엇인가? 그릇된 욕망을 남김없이 없애고 버려서 집착이 없는 것이다. 괴로움의 소멸에 이르는 길은 무엇인가. 그것이 바로 여덟 가지 바른 길, 팔정도이다. 정견, 정사유, 정어, 정업, 정명, 정정진, 정념, 정정. 이 여덟 가지 진리는 누구도 가르친 적이 없는 법이다. 이 팔정도를 스스로 수행하면 지혜로운 깨달음을 이룬다."

날씨가 몹시 추웠으나 제자들은 추위도 느끼지 못했다. 발 밑바닥에서부터 훈훈한 기운이 솟아나고 있었다.

그는 제자들과 함께 네란자라 강가의 우루빌바 마을로 갔다. 그곳에는 수행자인 카사파 3형제를 따르는 천 명의 수행자가 있었다. 카사파는 바라문이었다. 바라문은 인도의 네 계급 중에 첫째로 가장 높은 지위인 승려 계급이며 하늘에 올리는 제사를 맡고 있었다. 그들은 모두 불의 신을 섬기는 이들이었다. 그들은 불의 신이 노하면 사람이 병에 걸리거나 죽게 된다고 믿었다. 그의 소문을 들은 3형제는 불의 신이 얼마나 무서운지를 전하며 그에게 불의 신에게 제사를 지내야 한다고 했다. 그들은 사당 안에 불을 피워 두고 언제나 불이 꺼지지 않도록 지키고 있었다.

그는 3형제 가운데 제일 큰 형인 우루빌바 카사파에게 말했다.

"카사파여, 불의 신을 모신 이 사당에서 오늘 밤 하루를 쉬어 갈 수 있겠는가?"

"마음대로 하십시오. 사당 안에는 독을 가진 용이 있으니 조심하시오."

그와 제자들은 사당에 자리를 잡았다. 사당 안에는 세 개의 불꽃이 타오르고 있었다. 그는 가부좌를 틀고 명상에 들었다. 카사파의 말대로 독룡이 나타나 그에게 독을 품기 시작했다. 그러나 독은 그의 곁으로 다가서지 못했다. 오히려 그의 정수리에서 솟아나온 불꽃이 독룡을 향해 날아가서 독룡은 타 죽고 말았다.

그러나 우루빌바 카사파는 그의 신통한 힘을 믿을 수 없어서 한 번 더 시험해 보고 싶었다. 그래서 그에게 불을 피우는 장작을 구해 달라고 했다. 그때는 겨울이었고 날이 몹시 추웠다. 그는 단번에 장작 5백 묶음을 모아서 5백 개의 화로에서 불이 타오르게 했다. 사람들은 따뜻하게 지낼 수 있었다.

그는 우루빌바 카사파에게 말했다.

"사람의 행복과 불행은 불의 신 때문이 아니라 마음먹기에 따라 결정되는 것이다. 너는 성자도 아니고 성자의 도를 갖추지도 못했다."

늙은 카사파는 사당의 불을 끄고 젊은 그의 제자가 되었으며 그의 동생 나디와 막내 가야도 그의 제자가 되었다. 이렇게 그들 3형제와 그들을 따르는 무리 천 명이 모두 그의 제자가 되었다.

그는 제자들을 데리고 마가다국의 빔비사라 왕이 있는 라자그리하로 가는 산길을 걸어갔다. 그때 가야산 기슭에 저녁노을이 지고 있었다.

그는 제자들을 돌아보며 말했다.

"세상의 모든 것은 저 노을처럼 다 불타고 있구나. 욕심과 노여움과 어리석음으로 고통의 불이 너희 마음속에 타고 있는 것이다. 저 불이 사그라질 때에 괴로움과 애착이 없어지고 그것들이 없어지면 그때 수행자들이여, 너희는 한량없는 평화로움을 가질 것이다."

그의 말을 들은 제자들은 마음속에서 타고 있는 노여움과 어리석음의 불을 비로소 보게 되었고 그 불꽃이 얼마나 자신의 정신을 불태워 버리는지를 알았다.

마가다국의 빔비사라 왕이 그가 온다는 소식을 듣고 신하를 데리고 그를 영접하러 왔다. 왕은 맨발로 걸어가 그의 발밑에 큰절을 올렸다.

그가 왕에게 말했다.

"빔비사라 왕이여, 그대가 탄 황금 수레도 몸뚱이처럼 낡아서 더러워진다. 괴로움에서 벗어나려면 욕심을 버리고 분노를 참으며 어리석은 생각을 하지 말아야 한다."

왕이 그에게 말했다.

"저는 태자 시절 다섯 가지 소원이 있었습니다. 첫째 국왕이 되는 것, 둘째 왕이 되었을 때 모든 것을 다 깨달은 부처님이 오시는 것, 셋째 그 부처님을 섬기고 받들 기회를 제가 받는 것, 넷째 부처님이 설법하시는 것을 듣는 것, 다섯째 그 가르침을 깨닫는 것입니다.

이제 저는 다섯 가지 소원을 다 이루었으니 오늘부터 목숨이 다할 때까지 부처님의 제자가 되겠습니다. 또 부처님이 머무를 절을 지어 올리고자 하니 저의 소원을 받아 주십시오."

왕의 말에 그는 고요히 말했다.

"참으로 훌륭하구나. 왕이여, 자기 것을 내어 주는 사람은 탐욕을 끊게 하고, 참는 사람은 분노를 떠나며, 착한 일을 하는 사람은 어리석음을 벗어나게 된다. 이 세 가지를 갖추면 빨리 깨달음에 이르게 되는 법. 자신이 가난하여 자기 것을 내주어 보시할 수 없다 해도 다른 사람이 보시하는 것을 보고 기뻐하면 그 복은 똑같다."

빔비사라 왕이 지어서 바친 절은 대나무 숲 속에 있어서 죽림정사라고 불렸고, 최초의 절이 되었다. 그곳은 사람들이 찾아오기 쉽고, 늘 고요하고 바람이 불어 대나무 숲에서 나오는 잎 갈리는 소리가 산뜻해서 명상하기에 좋은 곳이었다. 더구나 그 옆에는 온천이 흘러나와서 지친 몸을 쉬기에도 아주 좋았다. 그때가 깨달음을 얻은 첫 해였다. 그는 서른다섯 살이었으며, 빔비사라 왕의 나이는 서른한 살이었다.

라자그리하의 죽림정사로 그의 가르침을 듣기 위해 지위가 높은 이부터 거지까지 모여들었고 그의 말을 듣는 즉시 신자가 되었다. 젊은이들은 출가를 하니 부모들 중에는 그가 아들을 빼앗아 갔다고 원망하는 이들도 생겨났다.

그 말을 듣고 그는 말했다.

"그런 말은 오래가지 않는다. 나는 위없이 높고 바른 법에 의해 사람을 이끌 뿐이다. 이를 따르는 이를 시기하는 자는 모두 바르지 못할 뿐이다. 지혜로운 이라면 아무것도 걱정하지 않는다."

라자그리하에는 사리붓다와 목갈라나가 살고 있었다. 둘은 어려서부터 친구였다. 두 사람은 수행자 산자야의 제자로 오래 수행을 했으나 깊은 깨달음을 얻지 못했다. 그들은 산자야가 사람이 어디서 와서 어디로 가는지, 죽음 이후에는 어떻게 되는지에 대해 아무런 가르침을 주지 못해서 답답해하던 차였다. 그래서 누구든지 먼저 진리를 깨닫거나 좋은 스승을 만나면 서로 가르쳐 주기로 약속했다. 어느 날 사리붓다가 라자그리하에서 수행자 앗사지를 만났다. 앗사지는 녹야원에서 그의 가르침을 받은 다섯 제자 가운데 하나였다. 얼굴은 맑고 평온했으며 걸음걸이는 바람처럼 가벼웠다.

사리붓다는 앗사지에게 물었다.

"그대는 누구입니까? 누구를 스승으로 모시고 수행을 하기에 이리 모습이 맑고 깨끗하며 자세가 바릅니까?"

앗사지가 대답했다.

"나는 수행자로서 부처님을 스승으로 받들고 수행에 전념하고 있습니다. 아직 배움이 얕아 알 수 없으나 여래께서 가르치신 이 말을 들려주고 싶습니다. 모든 것은 원인으로부터 생기며 바로 여래는 이 원인을 가르치고 이 원인들이 어떻게 소멸할 수 있는지를 가르쳤습니다."

앗사지의 말을 들은 사리붓다는 눈앞이 환하게 밝아지는 것 같았다. 앗사지로부터 그의 이야기를 들은 사리붓다는 목갈라나와 함께 죽림정사로 찾아가 바로 제자가 되었다. 두 사람이 제자가 되자 산자야의 제자 250명도 그의 제자가 되었다.

사리붓다는 겸손했고 목갈라나는 현명했다. 뒤에 이 두 사람은 참으로 뛰어난 제자가 되어 그의 가르침을 널리 알리는 데 큰 공을 세웠다. 사리붓다는 지혜 제일로 불렸고 목갈라나는 신통 제일로 불렸다. 두 사람은 스승을 만나게 해 준 앗사지의 고마움을 늘 잊지 않았다.

그는 사리붓다와 목갈라나의 성품을 보고는 언제나 곁에 있게 했으며 경전을 외우는 일을 맡겼다. 먼저 제자가 된 이들이 이를 시기했으나 두 사람은 늘 자신을 낮추어 행동하니 이런 시기와 불만도 곧 없어졌다.

죽림정사에는 그를 따르는 이들이 쉬지 않고 모여들었다.

그는 어느 날, 아무에게도 알리지 않고 죽림정사를 나와 북쪽으로 걸어가서 길가의 니그로다 나무 아래 자리를 잡았다. 그때 마가다국의 부잣집 바라문의 아들 카사파가 다가왔다. 그는 어릴 때부터 수행에 뜻을 둔 젊은이였다. 그러나 외동아들 하나만을 바라보고 있는 부모를 두고 떠날 수 없었다. 그리하여 스무 살이 되던 해 부모의 뜻에 따라 밧다카필라니와 결혼을 하게 되었다. 그런데 다행히 이 여인도 수행에 뜻을 두고 있었다. 그들은 부모가 세상을 떠날 때까지 둘 사이에 꽃다발을 두고 잠을 잤다. 꽃다발은 한 번도 흩어지지 않았다. 부모가 죽자, 그들은 서로 머리를 깎아 주고 재산은 모두 나누어 주고 수행자의 길을 떠난 것이다.

그는 입고 있던 옷을 벗어 반으로 접어 깐 뒤에 카사파를 맞이했다.

"가까이 오라, 그대를 기다렸다."

이미 그는 카사파의 큰 성품과 자질을 알고 있었다. 수행의 길을 걷던 카사파도 자신을 맞이하던 그가 누군지 들어서 알고 있었는데, 이렇게 자신을 맞아 주니 기쁘기 한이 없었다.

"저는 마가다국 카사파 종족으로 어릴 때 이름은 핍팔리입니다. 이제 저는 당신의 영원한 제자입니다."

"아는 척하거나 보지 못하고도 본 척하는 거짓된 스승이 너의 진실한 마음을 가진 사람의 예배를 받는다면 그 머리는 일곱 조각으로 깨어질 것이다. 나는 사실대로 알고 사실대로 보며, 그리하여 알고 본다고 말한다. 그러므로 나는 너의 스승이고 너는 나의 제자이다."

카사파는 열심히 수행했기 때문에 마하카사파로 불렸다. 위대한 카사파라는 뜻이었다. 그는 마하카사파를 위해 일주일 동안 함께 잠을 자며 오직 마하카사파를 위해 가르침을 전했다.

"너는 신분의 우월함을 버리고 수행자들 사이에서 항상 신중해야 한다. 언제나 귀를 기울이고 마음에 새기며 깊이 생각해야 한다. 언제나 게으르지 말고 즐거운 마음으로 수행하여라."

그의 가르침을 받은 지 8일째 되는 날, 마하카사파는 모든 괴로움과 집착에서 벗어났다. 마하카사파는 자신이 입었던 부드러운 가사를 그에게 바치고 대신 무덤에 버려진 헝겊으로 기워 만든 그의 가사를 받아 입었다. 마하카사파는 동냥을 하면서 곳곳에서 그의 가르침을 전했다. 음식을 먹고 있는 나환자에게도 공손히 다가갔다. 나환자가 그릇에 음식을 나누어 주는데 곪은 손가락이 그 안으로 떨어져도 조금도 더럽다고 생각하지 않고 그들이 준 음식을 함께 먹었다.

그는 수많은 제자에게 출가의 조건이나 출가 후의 생활에서 출신 계급과 능력의 차별을 두지 않았다. 다만 깨달음을 얻은 순서에 따라 대해 주었다. 그리고 비가 계속 오는 우기에는 초목을 밟거나 벌레, 동물에게 피해를 주지 않도록 서너 달 동안 한곳에 머물러 수행하도록 했다.

그가 죽림정사에 머물 때에 그곳에서 멀지 않은 웨살리에 큰 흉년이 들고 전염병이 돌았나. 화려한 십이 낳고 거리에 꽃이 가득하던 웨살리는 전염병 때문에 죽음의 장소가 되었다. 사람들은 매일같이 전염병으로 죽어 갔고 거리에는 시체 썩는 냄새가 코를 찔렀다. 마침내 웨살리 사람들이 그를 찾아와서 도움을 청했다. 빔비사라 왕은 전염병이 도는 곳이니 가지 말라고 했지만 그는 갠지스 강을 건너 웨살리로 갔다. 갠지스 강을 건너 웨살리에 이르는 사흘 동안 천둥번개가 치고 비가 쏟아졌으며 폭풍이 불었다.

가뭄이 들어 먼지가 날리던 웨살리에 새싹이 돋아났다. 그는 발우를 아난다에게 건네며 깨끗한 물을 담아 웨살리 거리마다 뿌리라고 했다. 이렇게 이레 동안 거리에 물을 뿌리자 전염병이 사라졌고, 마른 꽃들이 되살아나 향기를 품어 내었다. 그러자 웨살리 사람들은 웨살리 근처의 숲 속에 그를 위해 넓은 강당 쿠타가라살라를 지어 바쳤다.

그는 다시 죽림정사로 돌아왔다.

8

가족들과의
만남

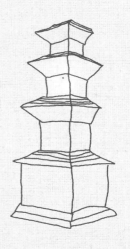

싯다르타가 깨달음을 이루었다는 소식이 슈도다나 왕에게까지 전해졌다. 카필라 사람들도 기뻐했다. 왕의 기쁨은 더없이 컸고 한시라도 빨리 아들을 보고 싶어서 사신을 보내어 카필라로 돌아오기를 바랐으나 그는 돌아가지 않았다. 왕은 사신을 아홉 차례나 파견했지만 사신들은 그를 만난 뒤 다들 그 자리에서 그의 제자가 되었다. 왕은 생각 끝에 그의 어릴 때 친구인 칼루다이를 불러 그를 데려오도록 했다. 칼루다이는 누구보다 왕의 슬픔을 잘 알고 있었다.

라자그리하에 도착한 칼루다이는 먼발치에서 그를 보았다. 수행자들에게 둘러싸인 그를 만날 기회가 좀처럼 주어지지 않았다. 멀리서 보이는 그의 모습은 밝고 환했다. 친구는 자신도 모르게 그를 향해 두 손을 모으고 있었다.

그제야 이미 친구가 온 것을 알고 있었다는 듯 그가 칼루다이에게 손짓을 했다.

"가까이 오너라, 친구여. 왕께서는 어떠신가?"

"슈도다나 왕께서는 언제나 아들을 보고 싶어 하십니다."

그의 앞에 선 칼루다이는 알 수 없는 힘에 이끌려 그길로 그의 제자가 되었으나 슈도다나 왕과의 약속이 늘 머릿속에서 맴돌고 있었다. 어느 날 칼루다이는 시를 지어 그에게 바쳤다.

여래시여
아버지 슈도다나 왕,
황금보다 귀한 야수다라 공주, 붉은 심장 같은 아들 라훌라
다들 꽃목걸이처럼 당신을 기다리고 있으니
지혜의 주인이여, 자비를 베푸소서

친구 칼루다이의 노래를 들은 그는 마침내 말했다.

"카필라로 가겠노라."

칼루다이는 먼저 카필라국으로 돌아가 슈도다나 왕에게 이 소식을 전했다. 왕은 매우 기뻐하며 아들의 소식을 물었다.

"여래께서는 완전한 깨달음을 얻으셨습니다. 1250명의 제자들은 그를 예배하고 사람들은 그를 공경합니다. 저도 여래의 가르침을 따르기로 했습니다."

라자그리하에서 카필라까지는 걸어서 두 달이나 걸렸다. 그가 돌아오자 카필라국의 백성들은 다들 기뻐했다. 그러나 그는 왕궁으로

가지 않고 성 밖의 니그로다 나무 숲으로 갔다. 왕궁 안에서 잔치를 준비해 두었던 왕과 신하들은 어쩔 수 없이 니그로다 숲으로 그를 찾아왔다. 긴 여행에 지친 그의 일행들 모습은 거지와 같았지만 이상하게도 왕이 그의 앞으로 걸어가는데 그동안의 기다림과 원망, 아쉬움이 소리 없이 녹아져 내렸다.

왕이 말했다.

"반짝이는 머리카락도 자르고 왕위도 버리고 이런 남루한 누더기의 모습으로 왔으나 오늘 확 피어난 꽃처럼 밝은 네 얼굴을 보니 기쁘기 한이 없구나."

그리고 왕은 그의 발아래 눈물을 흘리며 절을 바쳤다. 왕이 절을 하자 신하들이 앞다퉈 그에게 절을 바쳤다.

왕이 말했다.

"그러나 아들아, 나는 네가 대지와 산천을 정복한 위대한 왕이 되기를 바랐다."

"왕이시여, 눈물을 거두십시오. 그것은 어리석은 일입니다. 온갖 영화를 누린다 해도 마음은 자유롭지 못하고 속에는 무수한 먼지만 일어날 뿐입니다. 이제 저의 마음은 한없이 평화롭고 자유로우니 그 아무리 넓은 영토를 가진 왕보다 행복합니다."

그는 카필라 사람들의 집집마다 돌며 대문을 두드려 밥을 얻으러 다녔다. 야수다라 공주는 라훌라와 함께 그를 먼발치서 보았다.

왕은 동냥을 하러 다니는 아들에게 매우 화가 났으나 아들은 오직 과거로부터의 모든 부처님이 이렇게 걸식을 하며 생명을 이어 갔다고 담담하게 말했다. 이제 왕이 아들을 궁중으로 부를 수 있는 유일한 방법은 그와 제자 모두에게 음식을 만들어 초대하는 일뿐이었다.

그는 왕의 초대를 받아 마침내 제자들과 함께 궁중으로 들어갔다. 슈도다나 왕과 마하파자파티 왕비는 그의 곁에 앉아서 그가 밥을 먹는 모습을 지켜보았다.

"지금까지 어떻게 동냥하는 음식을 먹었느냐?"

"세상 사람들이 다 먹는 음식이니 어찌 더럽다 하고 나쁘다 하겠습니까?"

식사를 마친 그는 그의 가르침을 듣기 위해 모여 선 궁중 사람들에게 말했다.

"홀로 살면서 비난과 칭찬에 흔들리지 않나니, 소리에 놀라지 않는 사자처럼, 그물에 걸리지 않는 바람처럼, 진흙에 물들지 않는 연꽃처럼 무소의 뿔처럼 혼자서 가라. 나쁜 일을 하지 말라. 착한 일을 하고 게으르지 않은 이가 행복하다. 무엇이 착한 일인가? 무엇이 행복한가? 마음에 걸림이 없으면 행복하다."

그의 말을 들은 이들의 입에서 감탄하는 소리가 자신들도 모르게 터져 나왔다. 궁중에서 그를 찬탄하는 노래와 함성이 야수다라 공주의 방에까지 들렸다. 궁녀들이 달려와 공주에게 그를 만나야 한다고 말했지만 야수다라 공주와 아들 라훌라는 원망에 사로잡혀 방에서 나오지 않았다.

"그가 나에게 와야지, 왜 내가 그에게 간단 말인가?"

그는 공주의 마음을 이미 알고 있었다. 그는 식사를 끝내고 왕과 왕비, 신하들에게 설법을 마친 뒤, 사리붓다와 목갈라나를 데리고 야수다라 공주의 방으로 가서 두꺼운 휘장을 조용히 걷었다. 야수다라 공주는 그가 찾아오자 울음이 터져 나왔다. 꿈에도 그리던 그가 아니던가. 공주는 그의 발 앞에 엎드려 서럽게 울었다. 야수다라는 그가 거친 베옷을 입고 지낸다는 말을 듣고 한 번도 비단옷을 입지 않았을 정도로 그에 대한 기다림과 그리움이 깊었다.

그는 나직이 공주를 불렀다.

"야수다라여, 그대가 이 몸을 보살피고 스스로 깨끗함을 지켰던 것은 이번 생만이 아니다. 아주 오래전에도 푸른 연꽃 두 송이를 바쳐 내세 생생 오래오래 서로 지켜 주기로 약속하였다."

"그리 약속을 하셔 놓고 어찌 이리 무정하십니까?"

"그렇지 않다. 야수다라여, 영원한 진리만이 그대를 내세 생생 지켜 주리라. 이제 나는 그 약속을 이루었다."

야수다라 공주는 그 뜻을 알지 못해 아들을 꼭 안고 눈물만 흘렸다.

그가 돌아오자 슈도다나 왕과 마하파자파티 왕비 사이에 태어난 아들 난다의 결혼식이 열렸다. 난다는 아주 얼굴이 잘생긴 젊은이였다. 그는 난다의 결혼식에 밥그릇을 들고 갔다. 난다는 낡은 그릇에다 밥을 담으며 초라한 모습으로 돌아온 그를 보는 게 가슴이 아팠다. 그가 밥을 받아 말없이 돌아서자 난다는 자신도 모르게 그의 뒤를 따라갔다. 그가 성 밖의 니그로다 숲으로 가자 난다도 그의 뒤를 따랐다.

그는 나무 아래 앉아서 난다를 불렀다.

"난다야 내 모습이 부끄러우냐?"

"아닙니다. 제가 잠시 어리석었습니다. 형님의 모습은 참으로 당당했습니다."

"난다야, 탐욕을 버리면 당당해진다. 분노와 원망을 떨쳐 버리면 평화롭다."

그 말을 듣는 순간 난다는 그 자리에서 수행자가 되고 말았다. 그러나 난다는 왕자의 자리에 있었던 버릇이 남아 있어서 늘 비싼 옷을 입고 다녔다. 이를 본 그는 난다에게 그 옷을 벗어 가난한 이에게 주고 헝겊으로 기운 옷을 입도록 했다.

야수다라는 카필라국으로 돌아온 그를 다시 붙잡아 두고 싶어서 아들 라훌라에게 말했다.

"아들아, 저분은 너의 아버지다. 아버지에게 가서 너에게 물려줄 재산을 달라고 해라. 그 유산을 꼭 받아 와야 한다. 그러면 너를 위해서라도 이곳을 떠나지 못할 것이다."

야수다라가 그렇게 말한 이유는 그가 다시 왕의 뒤를 이어 카필라국을 다스리기를 바랐기 때문이다. 라훌라는 어머니가 시키는 대로 그에게 찾아가 재산을 달라고 졸랐다.

"저에게 물려줄 재산을 주십시오."

그는 사리붓다에게 말했다.

"제자여, 이 아이가 아버지의 유산을 바라는구나. 이 아들을 제자로 받아들여라."

그는 알고 있었다. 라훌라에게 물려줄 재산은 영원한 깨달음에 이르는 진리의 말씀이었다. 그렇게 라훌라마저 수행자의 길을 가자 슈도다나 왕은 그만 쓰러지고 말았다. 손자마저 궁을 떠나게 되자 왕은 마침내 그에게 간절하게 부탁했다. 어린애는 반드시 부모의 허락을 얻어 출가하도록 해 달라고 했던 것이다. 그는 왕의 제안을 받아들였다. 그리고 그는 반드시 수행자가 되어야만 깨달음을 얻는 것은 아니라고 말했다.

그는 아들 라훌라에게 말했다.

"악한 친구를 사귀지 말고, 비겁한 친구들도 사귀지 말라. 선하고 겸손한 이들을 친구로 사귀어라."

그가 카필라국에 머무르는 동안 250명이 출가했다. 그의 사촌 형제인 일곱 왕자들도 그를 따라 수행자가 되었다. 그들은 머리를 깎아 준 이발사 우팔리에게 그들이 가진 재물을 주었다. 우팔리는 그 재물들을 가난한 이들에게 나누어 주고 일곱 왕자와 함께 출가하고 말았다.

일곱 왕자 중에 한 사람인 아누루타는 그의 제자가 되었지만 늘 공부를 게을리 했다. 그는 아누루타를 불러 매우 꾸짖으며 말했다.

"아누루타, 물방울 하나가 비록 작아도 모이고 모이면 큰 그릇이 된다. 세상의 모든 공부도 모든 복도 이렇게 물방울처럼 작은 것이 모여 이루어지는데 너는 어찌 공부를 게을리 하느냐?"

아누루타는 그의 꾸짖음을 들은 날부터 슈라바스티의 사라라 산중 바위 굴 속에서 잠도 자지 않고 명상을 거듭했다. 그러다 심한 눈병이 걸려서 그만 눈이 멀고 말았다. 눈이 먼 아누루타는 떨어진 옷을 기우려 해도 바늘에 실을 꿸 수가 없어서 아난다에게 누군가 옷을 꿰매어 주기를 청했다. 그는 이 소식을 듣고는 제자들과 함께 아누루타가 수행하고 있는 산중 동굴을 찾아갔다. 그는 아누루타의 옷을 받아 바늘로 기워 주었다. 뒤를 따르던 제자들이 새 옷을 세 벌이나 만들어 주었고, 마침내 아누루타는 눈이 멀었지만 마음의 눈은 활짝 열리게 되었다.

그가 아누루타와 제자들에게 말했다.

"옷을 짓는 일은 큰 공덕이다. 세상에 복을 짓는 일에는 여섯 가지가 있다. 먼저 남에게 베푸는 것이요, 남을 가르침이며, 억울함을 참아 견딤이요, 계율을 잘 지키는 것이며, 중생들을 감싸고 보호함이며, 위없는 깨달음을 구하는 일이다. 이 여섯 가지를 항상 힘써야 한다. 마땅히 아누루타처럼 진실한 마음으로 수행하면 그 공덕을 얻을 것이다."

카필라국의 왕자들 가운데 데바다타와 동생 아난다도 그의 제자가 되었다. 아난다는 일생 그의 곁에 머물러 그를 공경하고 따랐으나 데바다타는 그의 뒤를 이은 우두머리가 되고 싶은 욕심을 품고 있었다.

제자들은 데바다타의 잘못을 나무랐으나 데바다타는 오히려 그에게 이제 교단에서 물러나고 자신에게 그 자리를 넘겨 달라고 요구했다.

그가 데바다타에게 말했다.

"너의 헛된 생각과 욕심은 파초가 열매를 맺으면 시드는 것과 같구나. 데바다타여, 나는 아직 아무에게도 교단을 넘길 생각이 없다. 비록 교단을 넘긴다 할지라도 여기 사리붓다와 목갈라나, 마하카사파처럼 생각이 깊고 품성이 맑은 제자에게 넘길 것이다. 너는 왕족의 출신이나 깨달음에는 아무 소용이 없다. 출가한 지 얼마 되지도 않고 깨달음의 법도 얻지 못한 너에게 어찌 자리를 넘길 수 있겠는가?"

그러자 데바다타는 그를 해치기로 계획을 세우고 빔비사라 왕의 아들인 아자타샤트루를 유혹했다.

"아자타샤트루, 너의 아버지 빔비사라 왕은 여래에게 나라와 모든 재산을 다 바칠 것이다. 그러면 너는 거지가 된다. 우리가 힘을 합해서 왕과 여래를 죽이자. 너는 왕이 되고 나는 여래를 죽여서 교단의 최고 우두머리 자리에 오르겠다. 같이 힘을 합하자."

이 말을 들은 아자타샤트루는 아버지를 감옥에 가두어 죽이고, 자객을 보내어 그를 해치려 했다. 그러나 자객은 그 앞에서 몸이 굳어서 움직이지 못했다. 또 데바다타를 따르는 무리들이 그를 향해 바위를 굴렸으나 바위는 그 앞에서 모두 멈추고 말았다. 제자들은 데바다타 무리들이 그를 해칠까 매우 염려했으나 그는 빙그레 웃었다.

"여래는 폭력으로 목숨을 잃는 법이 없다."

데바다타는 또 라자그리하의 거리를 지나는 그를 향해 술을 먹인 코끼리 떼를 풀어 놓았으나 코끼리들은 미친 듯이 달려가다가 그의 발아래 엎드리고 말았다. 결국 데바다타는 자신의 잘못을 뉘우치고 죽었다.

아자타샤트루는 왕위에 올랐으나 아버지를 죽였다는 사실이 너무 괴로웠다. 어머니는 아버지가 아들 아자타샤트루를 얼마나 사랑했는지도 전해 주었다. 어머니로부터 그 말을 들은 아자타샤트루는 마침내 병이 나서 어떤 약으로도 낫지 않자, 그를 찾아와서 용서를 빌었다.

그가 말했다.

"죄 없는 이를 해치면 온갖 허물이 너에게 돌아간다. 그러나 잘못된 것을 잘못했다고 뉘우치는 사람은 그 바른 생각을 끌어안고 극락으로 갈 것이다."

그는 눈물을 흘리며 뉘우치는 아자타샤트루의 손을 잡아 일으켜 세우고 잘못을 용서해 주었다. 그러나 그는 그를 따르던 빔비사라 왕이 죽임을 당하고 자신의 친척이 자신을 죽이려 했다는 사실에 가슴이 아팠다.

그 무렵 슈도다나 왕이 늙어서 병이 들었다.

그 소식을 들은 그는 카필라로 갔다.

왕은 아들의 손을 잡으며 말했다.

"여래시여, 나를 죽음과 두려움의 고통에서 벗어나게 해 주시오."

그는 왕의 손을 잡고 고요히 말했다.

"이제 아무 걱정 마십시오. 제가 왕께 말씀 드린 깨달음을 생각하시면 한량없이 마음이 평안하시게 될 것입니다. 제가 수없는 생애 동안 쌓은 공덕과 보리수 아래서 얻은 깨달음이 아버지를 모든 고통에서 벗어나 자유롭게 해 줄 것입니다."

왕은 그의 말을 듣고 손을 꼭 잡은 채 빙그레 미소를 지으며 숨을 거두었다.

그는 직접 왕의 관을 앞에서 들려고 했다.

"내가 관을 들지 않으면 부모의 은혜도 모른다고 비난하는 이들이 생길 것이다."

그때 하늘에서 천사들이 내려와 슈도다나 왕의 관을 메었다. 그는 향로를 들고 다비장으로 가 사방에 꽃을 뿌린 뒤 쌓아 놓은 땔감에 관을 얹고는 불을 붙였다. 신하들과 백성들이 울음을 터뜨리자 그가 고요히 말했다.

"이 세상은 덧없고 괴로움이 가득하다. 영원한 것은 어디에도 없다. 우리의 이 몸도 본래 덧없는 것이니 슬퍼하지 말라. 세상은 환상과 같고 한순간 타오르는 불꽃과 같으며 물에 비친 그림자와 같구나. 우리는 세상에 잠시 있다가 떠날 뿐이다. 가지고 갈 것은 아무것도 없다. 지금 깨닫지 않으면 왕의 몸을 태우는 저 사나운 불길보다 마음에 생기는 집착과 욕심의 불길이 더 사납게 우리를 태울 것이다. 부디 게으르지 말고 부지런히 공부해서 생사의 괴로움에서 벗어나 진정한 즐거움을 누리도록 하라."

그는 슈도다나 왕의 장례를 치르고 뼈를 수습해서 탑을 세웠다. 슈도다나 왕이 세상을 떠나자 왕비 마하파자파티가 그를 찾아와 수행자가 되려고 했지만 그는 여자는 출가해서 수행하기에는 너무 힘들다면서 받아들이지 않았다. 그러자 왕비는 스스로 머리를 깎고 누더기 옷을 걸치고 맨발로 그의 뒤를 따라갔다.

아난다가 이 모습을 보고 그에게 물었다.

"여자도 가르침대로 수행하면 남자처럼 그 깨달음을 얻을 수 있습니까?"

"그렇다. 여자도 지극하게 수행하면 깨달음을 얻어 대자유를 누릴 수 있다."

그러자 아난다는 왕비가 맨발로 수행의 길을 가고 있다며 출가를 허락해 줄 것을 간곡히 부탁했다. 그가 비로소 이를 받아들였다. 그녀의 뒤를 따라 야수다라 공주도 수행자가 되었다.

선재는 나무 불상의 이야기를 들으며 이야기를 따라 긴 여행길을 떠나고 있었다. 한 번도 가 보지 못했던 갠지스 강물이 넘실거리며 흘러갔고, 히말라야 산자락의 눈이 녹아 흐르는 개울물이 지나갔다. 가족을 만나러 다시 찾아갔던 그에게 선재는 묻고 싶었다. 한 번도 그를 낳아 준 왕과, 키워 준 왕비, 그리고 야수다라 공주와 아들 라훌라를 보고 싶지는 않았는지. 그렇게 생각하니 문득 선재는 사진 속에 남아 있는 어머니와 아버지의 얼굴이 보고 싶었다. 아기 때의 선재를 안고 있는 두 사람은 사진 속에서만 늘 환하게 웃고 있었다.

선재의 마음을 아는 듯 나무 불상이 먼저 물었다.

"선재야, 너는 어머니와 아버지가 보고 싶은 모양이구나."

"그래요, 싯다르타. 세상에서는 만날 수 없다는 것을 잘 알아요. 그렇지만……."

"그래, 왜 나도 그렇지 않았겠느냐? 사람은 하늘에서 주어진 목숨이 다하면 다시 하늘로 돌아간단다. 네 부모는 모든 힘을 다 바쳐 너를 구했으니 그 공덕이 더할 나위 없이 크고 아름답단다. 저기 해마다 피는 감꽃 속에도 있고, 하얀 주먹밥 꽃 속에도 있고, 보름달에도 있고, 그 마음들이 다 있단다."

"그런 말씀 마세요. 손이라도 잡아 보고 싶고, 가만히 품에 한 번이라도 안겨 보고 싶어요."

"그래, 그래. 네 반찬 만드는 솜씨가 할머니처럼 이르게 되면 그때 너도 알게 될 거다. 네 어머니와 아버지가 얼마나 기뻐하는지를 말이다. 나의 가족들이 하나 둘, 깨달음의 길에서 다 만나는 것처럼 말이다."

나무 불상이 말했다. 선재의 눈에 눈물이 고여 있었다. 그는 손을 들어 선재의 눈물을 닦아 주고는 이야기를 이어 갔다.

세상 속으로

빔비사라 왕은 칙령을 내려 마가다국 사람은 누구든지 그를 따라 출가할 수 있도록 허락하였다. 왕에게는 세 명의 왕비가 있었는데 셋째 왕비 케마는 아리따움이 뛰어났다. 그녀는 죽림정사를 찾아가지 않았다. 왜냐하면 아리따운 얼굴은 피고름 덩어리일 뿐이고 머지않아 썩어 버린다고 말하는 그가 싫었다. 그런데 죽림정사를 다녀 온 여인들은 하나같이 그곳이 얼마나 아름다운 곳인지 모른다고 하니 궁금해졌다. 케마는 그와 수행자들이 탁발을 나간 시간에 죽림정사를 찾아갔는데 뜻밖에 그곳에서 여래를 만났다. 그의 곁에는 그녀의 아름다움과는 비교가 안 될 정도로 아리따운 천상의 여인이 그에게 부채질을 하고 있었다. 그 여인에 비하면 자신의 얼굴은 보잘것없었다.

여자인 케마도 그녀의 아름다움에 정신을 잃을 정도였다. 그때 믿을 수 없는 일이 일어났다. 갑자기 부채질을 하던 여인의 살결이 바위처럼 갈라지고 눈두덩이 꺼지면서 해골이 드러났다. 붉은 얼굴이 녹아내리며 뼈가 드러나고, 까만 머리카락은 뭉텅뭉텅 빠져 나가고 말았다. 아리따운 여인은 금방 허리가 굽어지고 이빨이 빠지고 뼈마디가 툭 불거진 흉측한 노파가 되고 말았다. 케마는 너무 놀라서 입을 다물지 못했다.

그는 케마에게 말했다.

"케마여, 보라. 육체의 아름다움은 한순간이다. 늙고 병들며 마침내 몸에는 구더기가 끼느니라. 네 아무리 화려한 옷과 향기로 몸을 가린다 하나 거기서는 고름이 흘러내리는구나. 생각해 보라. 아무리 애를 써도 아름다움은 사라지고 육신을 사랑하는 그 종말은 결국 슬픔과 두려움뿐이다."

마가다국에서 가장 아름다워서 왕의 사랑을 독차지했던 케마는 조금씩 늘어가고 있는 주름살을 막을 수 없어서 걱정하고 있었다. 그의 말을 들은 케마는 털썩 무릎을 꿇었다.

"케마여, 네가 살고 있는 곳에는 어떤 휴식도 없다. 네가 진실로 육체에 대한 집착을 버릴 때 마음이 고요해지고 편안해질 뿐이다."

"한 말씀을 더 들려주십시오. 어떻게 하면 마음이 고요해지고 편안해집니까?"

케마는 좀처럼 그의 말을 알아들을 수 없었다.

그는 자세히 케마에게 들려주었다.

"지혜를 닦으라. 네가 아름답다고 여기는 것, 좋다고 여기는 것에는 아름다움이 원래 없는 것이다. 너는 다른 사람과 비교해서 아름답다고 자랑하고 온갖 교만심으로 가득 차 있다. 그것은 태어나면서 너에게 주어진 것이므로 곧 사라지고 만다. 이제 고즈넉하고 평화로운 길을 찾으라."

그제야 케마는 그의 발아래 절을 하고는 왕궁으로 돌아가서는 빔비사라 왕에게 그의 제자가 되어 수행자의 길을 가겠다고 말했다. 왕은 말리고 싶었지만 어쩔 수 없이 케마의 출가를 허락했다. 이미 누구든지 그의 제자가 될 수 있다고 명을 내린 터였다. 케마는 출가하여 비구니 가운데 제일 지혜로운 수행자가 되었다. 마가다국의 왕비 케마가 출가하자 불교 교단의 위치가 더없이 높아졌다. 이 소식을 들은 케마의 친구인 비사카도 출가해서 마침내 한순간에 전생과 이생, 내생 등 삼생의 모습을 깨치는 수행자가 되었다.

코살라국의 큰 부자인 슈라바스티의 수다타가 볼일이 있어 여동생 집인 라자그리하의 장사꾼 집을 찾아왔다. 그때 장사꾼네 식구들은 다음 날 부처님이 자기네 집에 온다면서 정신없이 잔치 준비를 하고 있었다. 수다타는 일찍이 그의 말을 들은 바 있어 그길로 성 밖에 머물고 있는 숲으로 찾아갔다. 수다타는 아주 부자였지만 고아들에게 음식을 나누어 주고 자신의 재산을 가난한 이들을 위해 나누어 주는 사람이었다.

그는 수다타의 이름을 불렀다.

"수다타, 어서 오라. 위험과 재난이 도사린 세상에서 네가 가진 것을 무엇보다 부모를 잃은 아이들에게 나누어 주니 내딛는 한 걸음 한 걸음이 바로 보배로다."

수다타는 단번에 목소리의 주인공이 누구인지 알 수 있었다. 그의 목소리는 공중에서 연꽃이 내려오듯 깊고 향기로웠기 때문이다.

"여래시여, 제가 당신의 제자가 되어 목숨이 다할 때까지 받들고 모실 수 있도록 허락해 주십시오. 당신을 위해 수행할 공간이 있는 사찰을 지어 올리겠습니다."

수다타의 말에 그는 사리붓다를 불러서 수다타와 의논해 절을 짓는 일을 함께 맡도록 했다. 슈라바스티로 돌아온 수다타는 사리붓다와 함께 큰 절을 지을 곳을 찾다가 제타 태자의 소유인 동산을 발견하고는 이를 팔라고 했다. 제타 태자는 동산을 황금으로 덮으면 팔겠다고 했고 수다타는 이를 받아들였다. 태자는 도무지 이해할 수 없었다. 저 동산을 황금으로 덮으려면 얼마나 많은 돈이 들지 알 수 없었기 때문이다. 수다타는 그 동산을 여러 날 동안 황금으로 덮기 시작했다.

수다타는 태자에게 말했다.

"나는 장사치입니다. 장사치는 이익을 쫓지요. 이 황금은 앞으로 받을 이익에 비하면 아무것도 아닙니다. 정사가 세워지면 날마다 여래를 뵙고 진리의 말씀을 들으니 그 이익과 공덕을 헤아릴 길이 없습니다."

상인의 말에 태자는 깜짝 놀랐다. 그렇게 정성을 다하는 일이라면 그가 훌륭한 사람임에 틀림없다고 생각했다. 태자는 자신도 동산의 입구에 화려한 문을 세우고 기원정사(제타바나)라는 이름을 새길 수 있도록 허락을 받았다. 기원정사가 완공이 되자, 수다타는 그곳으로 가는 길에 망고 나무를 심고 큰길 가로 샘물을 끌어들여 목마른 이들이 마실 수 있도록 했다.

슈라바스티의 남쪽 동산에 들어선 기원정사는 죽림정사에 이어 두 번째로 지어진 큰 사찰이었다. 열여덟 채의 건물이 들어섰다.

수다타는 그에게 말했다.

"기원정사를 여래께 바칩니다."

"수다타여, 너의 정성은 나에게 바치는 것이 아니다. 과거와 현재, 미래에 들어오는 모든 수행자에게 바치는 것이다."

"그렇게 하겠습니다, 여래시여."

"너는 크고 넓게 베풀었구나. 여기 정사는 전갈과 모기, 뱀, 벌레들을 막아 준다. 폭풍우와 비바람도 막아 주고 추위와 뜨거운 햇빛도 막아 준다. 그러므로 여기 머무는 수행자들은 부끄러움이 없도록 스스로를 가꾸고 자신을 믿고 따르는 신자들에게 괴로움에서 벗어나는 법을 전해 줄 수 있어야 한다. 그리해서 모두가 깨달음의 진리를 얻어 고요한 열반의 세계에 이를 수 있어야 한다."

그가 그곳에 머물 때에 삼대독자를 잃어버린 여인이 그를 찾아와 슬피 울었다.

"부처님, 하나밖에 없는 아들이 죽고 말았습니다. 아들의 모습이 생시처럼 잊히지 않아서 이제 살 용기가 없습니다. 아무것도 먹을 수 없습니다. 이 고통에서 어찌 벗어날 수 있겠습니까? 당신의 신통력은 위대하시니 제 아들을 제발 살려 주실 수는 없겠습니까?"

그는 여인을 측은하게 바라보았다.

"여인이여, 내가 슬픔에서 벗어나게 하는 법을 가르쳐 주겠다. 이제 울지 말고 일어서서 한 번도 죽은 이가 없는 집을 일곱 군데 찾아내어 겨자씨를 한 주먹씩 얻어오면 그 길을 알려 주겠다."

여인은 온 마을을 다니며 죽은 사람이 없는 집을 찾아다녔으나 어느 한 집도 그런 곳이 없었다. 몇 날 며칠 동안 온 마을을 돌아다니던 여인이 지쳐 다시 그를 찾아왔다.

그가 물었다.

"한 집이라도 죽지 않은 이가 있는 집을 찾았느냐?"

여인은 그를 고요히 올려다보았다. 슬픔이 가득했던 여인의 얼굴에서 비로소 울음이 사라지고 있었다. 겨자씨 한 줌을 얻기 위해 곳곳을 다니며 여인은 어느 누구도 죽음을 피할 수 없다는 것을 알았기 때문이다.

기원정사에는 날마다 마당을 쓰는 이가 있었다. 그 젊은이는 머리가 너무 나빠서 바보 판타카라고 불렀다. 판타카는 그의 가르침을 들었으나 기억력이 나빠서 금방 잊어버렸다. 그는 아무것도 알지 못했지만 정직하고 마음이 착한 사람이었다.

그는 판타카에게 다른 말은 기억하지 말고 "쓸고 닦아라"라는 말만 외우게 했다. 날마다 기원정사의 방과 마루를 닦고 마당을 쓸면서 판타카는 수도 없이 중얼거렸다.

"쓸고 닦아라, 쓸고 닦아라!"

밥을 먹으면서도 잠을 자면서도 소리 내어 외우는 판타카의 모습은 정말 다른 수행자들의 눈에 바보처럼 보였다. 그러던 어느 날, 판타카는 마당을 쓸다가 "쓸고 닦아라"라는 그의 말씀이 비로소 무엇을 뜻하는지 알았다. 빗자루를 들고 쓸 때는 나쁜 마음을 쓸어 내고 걸레로 닦을 때는 더러운 마음을 닦아야 한다는 것을. 판타카는 가슴이 벅차서 빗자루를 든 채로 그에게 달려가서 말했다.

"여래시여, 잠을 못 이루는 사람에게는 밤이 길고 피곤한 사람에게는 길이 멉니다. 저는 진리를 모르고 괴롭고 긴 시간을 보냈으나 이제 압니다. 맑음과 더러움은 스스로 짓는 것, 이제는 빗자루와 걸레로 나쁜 마음을 쓸어 보내고 더러운 마음을 닦아 세상의 티끌을 쓸어 내고자 합니다."

그는 판타카의 말을 듣자 뛸 듯이 기뻐했다.

"판타카여, 아름답구나. 진리를 깨닫는 데는 아주 높은 학문과 지식이 필요 없다. 아주 작은 일이라도 실천하면 비로소 아는 것이니라. 너는 그것을 드디어 해냈구나."

그의 아들 라훌라도 어린 나이에 그의 제자가 되었지만 장난이 심하고 늘 거짓말을 잘해서 다른 수행자들을 애먹였다. 라훌라는 제자들이 그가 어디 있는지 물으면 늘 반대쪽을 알려 주어 헛걸음을 치도록 하는 게 재미있었다.

그는 라훌라에게 세숫대야에 물을 떠 오도록 했다. 라훌라가 물을 대야에 받아 오자 그는 발을 씻은 다음 이 물을 마실 수 있느냐고 물었다.

"더러워서 먹을 수 없어요."

"그렇다, 먹을 수 없다."

그는 대야 물을 쏟고는 다시 물었다.

"여기에 밥을 담아 먹을 수 있느냐?"

"더러워서 밥을 담아 먹을 수 없어요."

그는 라훌라가 보는 앞에서 대야를 집어 바닥에 팽개쳤다. 대야는 땅바닥에 부딪쳐 소리를 내며 깨어졌다.

"그러면 너는 이 대야가 아깝지 않으냐?"

"더럽고 깨어진 대야라서 아깝지 않아요."

"그렇다, 라훌라. 더러운 물은 마실 수 없고 더러운 대야에는 밥을 담을 수 없다. 더럽고 깨어진 대야는 버려도 조금도 아깝지 않다. 이와 같이 네 마음도 더러운 대야와 같아서 아무도 찾지 않아 버림받게 되고 결국 깨어질 뿐이다."

그 말을 들은 라훌라는 두 번 다시 거짓말을 하지 않고 장난도 치지 않았으며 공부에 열중했다. 깨어진 대야를 보며 라훌라는 비로소 알았다. 녹은 본래 쇠에서 생기지만 쇠를 파먹어 못 쓰게 만들 듯이 나쁜 행동을 하면 그것은 깨어진 대야처럼 내팽개쳐지고 버림받고 만다는 것을.

그의 제자 가운데 고종 사촌인 티사라는 수행자가 있었다. 티사는 그와 친척이라며 자랑하고 다녔다.

"나는 여래와 친척이어서 여래 외에는 누구도 공경하고 따를 필요가 없다. 두려울 것도 없고 아무도 나를 충고할 자격도 없다."

그는 티사가 뽐내며 돌아다닌다는 소문을 듣고 그를 불렀다.

"티사여, 너는 여래와 가까운 형제라고 하면서 여래 외에는 누구도 공경하고 따를 필요도 없다고 했다는데 사실이냐?"

티사는 고개를 푹 숙이고 기어들어 가는 목소리로 그렇다고 대답했다. 그는 무섭게 티사를 꾸짖었다.

"그래서는 안 된다. 오히려 너는 여래 고모의 아들로서 여래와 고종 형제간이므로 상대가 누구든지 공경해야 하고 두려워하며 충고를 참고 받아들여야 한다고 생각하고 이를 실천해야 한다. 그렇게 하면 사람들은 네가 여래와 가까운 형제간이어서 더욱 훌륭한 수행자가 되었다고 칭송하지 않겠느냐?"

티사는 그의 말을 듣고 등에 식은땀이 나는 것 같았다. 이후로 티사는 그런 말을 하지 않았다. 라훌라는 아들이고, 아난다와 데바다타는 사촌이고, 난다는 마하파자파티 왕비의 아들이었으나 그는 이들을 차별 없이 엄격하게 가르치고 타일러 수행자의 길을 가게 했다.

아난다는 그의 곁에서 심부름을 하면서 물건을 아껴 썼다. 한번은 코삼비 나라의 왕비로부터 5백 벌의 가사를 받았다. 그 며칠 뒤 코삼비의 왕이 그 5백 벌의 가사를 어떻게 썼는지를 물었다.

"떨어진 옷을 입고 있는 형제들에게 나누어 주었습니다."

"떨어진 가사는 다 버렸습니까?"

"아닙니다. 보자기를 만들었고, 그 보자기가 헤지면 방석을 만들고, 방석이 다 떨어지면 걸레를 만들고, 걸레가 닳으면 헝겊을 잘라 진흙에 섞어서 벽을 바르는 데 씁니다."

이 소식을 들은 그가 아난다를 불러 크게 칭찬을 했다. 다른 수행자들도 다들 아난다를 칭찬하자 아난다가 말했다.

"수행자는 아주 작은 디끌의 물건이라도 소중히 해야 합니다. 그처럼 아무리 많은 경전을 외운다 해도 실천하지 않으면 아무 소용이 없습니다. 수많은 보시를 하고, 경전을 외우고, 제단에 올리기 위해 녹이 생긴 그릇을 수만 번 닦는다 해도, 가슴속에 원망을 품고 자신의 잘못을 변명하고 남을 탓하면 아무 소용이 없습니다. 그것은 오히려 자신을 속이고 업보를 더 키우는 길입니다. 아주 작은 경전의 말씀이라도 실천하면 언제나 깨달음을 얻을 수 있습니다."

이 말을 들은 그는 말했다.

"그렇다, 아난다야. 남에게 베푸는 보시에는 네 가지가 있다.

첫째는 주는 사람은 깨끗한데 받는 사람이 깨끗하지 못한 것이고, 둘째는 받는 사람은 깨끗한데 주는 사람이 깨끗하지 못한 것이다. 셋째는 주는 사람도 깨끗하지 못하고 받는 사람도 깨끗하지 못한 것이며, 넷째는 주는 사람도 깨끗하고 받는 사람도 깨끗한 것이다.

주는 사람은 깨끗한데 받는 사람이 깨끗하지 못한 것은 이렇다. 주는 사람은 맑은 마음으로 좋은 공덕이라고 생각하는데 받는 사람은 정진도 하지 않고 받을 자격이 없으면서 보시를 많이 해야 공덕이 있다고 말하는 사람이다. 받는 사람은 깨끗한데 주는 사람이 깨끗하지 못한 것은 이런 것이다. 주는 사람이 보시는 아무 공덕이 없다고 생각하고 억지로 주는데 그것을 받는 사람은 겸손하고 고마운 마음으로 받으며 정진도 열심히 하는 것이다. 주는 사람도 깨끗하지 못하고 받는 사람도 깨끗하지 못한 보시란 억지로 주고, 받는 사람도 받을 자격이 없으면서도 보시를 많이 해야 공덕이 있다고 말하는 것이다. 마지막으로 주는 사람도 받는 사람도 깨끗한 보시란 주는 사람도 순수한 마음으로 주고, 받는 사람도 겸손하고 고마운 마음으로 받으며 정진도 열심히 하는 것을 말한다."

기원정사를 지어서 바친 수다타가 찾아왔다.

수다타는 장사꾼으로, 주변에 재산을 모으고자 욕심을 부리는 이들이 너무 많아서 그들이 어떻게 돈을 벌고 써야 하는지를 그의 가르침으로 전해 주고 싶어서 찾아왔던 것이다.

그는 대답했다.

"수다타여, 돈을 모으는 방법도 여러 가지이고 돈을 쓰는 방법도 여러 가지다.

첫째는 수단과 방법을 가리지 않고 돈을 모은 뒤, 부모나 가족을 돌보지 않고 복도 짓지 않는 사람이 있다.

둘째는 수단과 방법을 가리지 않고 돈을 모은 뒤, 그 재산을 오직 가족에게만 쓰는 사람이 있다.

셋째는 수단과 방법을 가리지 않고 돈을 모은 뒤, 자기 가족은 물론 남을 위해서도 돈을 쓰는 사람이다.

넷째는 어떤 때는 바른 방법으로 돈을 모으고 어떤 때는 나쁜 방법으로 돈을 모아서, 부모나 가족을 돌보지 않고 복도 짓지 않는 사람이 있다.

다섯째는 어떤 때는 바른 방법으로, 어떤 때는 나쁜 방법으로 재산을 모은 뒤, 가족에게만 돈을 쓸 뿐 남을 위해 베풀지 않는 사람이 있다.

여섯째는 어떤 때는 나쁜 방법으로 돈을 모으고 어떤 때는 바른 방법으로 돈을 모은 뒤, 자기 가족은 물론 남을 위해 돈을 쓰는 사람이 있다.

일곱째는 언제나 바른 방법으로 돈으로 모아서, 부모와 가족을 돌보지 않고 복을 짓지 않는 사람이 있다.

여덟째는 언제나 바른 방법으로 돈을 모은 뒤, 그 돈을 자기 가족을 위해 쓸 뿐 남을 위해 베풀지 않는 사람이 있다.

아홉 번째는 언제나 바른 방법으로 돈을 모은 뒤, 가족과 남을 위해 돈을 쓰는 사람이 있다.

그리고 마지막으로 열 번째는 언제나 바른 방법으로 돈을 모으고 가족과 남을 위해 돈을 쓰지만 재물에 집착하지 않으며, 또 재물에 대한 집착이 큰 우환을 가져오는 것임을 알고 그것에서 벗어나기 위해 애쓰는 사람이 있다. 너는 그들에게 전해 주어라. 과연 어떤 사람이 되고 싶은지를."

수다타는 또 한 가지 큰 고민을 털어놓았다. 옥야라는 며느리를 보았는데 교만하기 짝이 없으니 어떻게 해야 하는지를 물었다. 옥야는 얼굴이 예뻤고 부잣집 딸로 자라서 매우 교만했다. 시아버지인 수다타에게 인사도 하지 않고 남편도 하찮게 여겼으니 아무도 옥야를 좋아하지 않았다. 그런 옥야의 온몸에 부스럼과 종기가 생겨나기 시작했다. 아기도 들어서지 않았다. 수다타는 그에게 옥야에게 가르침을 내려 달라고 사정했다.

자식과 며느리를 생각하는 수다타의 마음이 갸륵해서 그는 수다타의 집으로 가서 옥야를 만났다. 옥야는 종기 때문에 애를 먹고 있었다.

그는 옥야에게 따스한 목소리로 타일렀다.

"너는 부잣집에서 자라고 얼굴이 아름다워서 남을 업신여기고 참으로 교만했구나. 그러나 이제 보아라. 등과 얼굴에 생긴 종기가 너의 모든 아름다움을 빼앗고 말 것이다. 너는 시아버지 수다타의 착한 마음을 보고도 따라 하지 않고 도리어 무시하고 나쁜 짓을 하니 복이 달아나고 사람들이 싫어하는 것이다. 마음과 행동이 아름다워야 사람들로부터 사랑을 받게 되는 법이다."

옥야는 그의 말을 듣고 자기의 잘못을 깨달았다. 그녀는 착한 아내, 착한 며느리가 될 것을 그 앞에 약속했다. 그러자 신기하게도 등과 얼굴에 생긴 종기와 부스럼이 나았다. 아기까지 낳게 되었다.

슈라바스티 성 밖에서 똥을 치우며 살아가는 이가 있었다.

그의 이름은 니디였다. 니디는 날마다 똥통을 지고 다녔다. 그러다 기원정사로 돌아가는 그를 만났다. 니디는 얼른 길을 비켜서다가 그만 넘어져 똥물을 쏟았고, 그의 옷자락에 똥물이 튀고 말았다.

니디는 어쩔 줄을 몰라 했다.

그는 니디의 손을 잡아 일으켜 세우며 말했다.

"니디야, 괜찮구나. 어떤 더러운 것도 씻으면 다 깨끗해진단다. 나와 함께 강물에 들어가서 몸을 씻자꾸나."

그는 니디의 손을 잡고 함께 강으로 들어갔다.

"율법은 모든 물을 받아들이는 바다와 같다. 누구든지 이 바다에서 나쁜 습관과 괴로움을 씻으면 깨끗한 사람이 된다."

니디는 그길로 그의 제자가 되었다.

슈라바스티에 난타라는 가난한 여인이 살고 있었다. 어느 날, 난타는 그가 슈라바스티에 온다는 것을 알았다. 왕과 백성들은 그를 맞이하기 위해 수만 개의 등불을 길에 달았다. 난타는 겨우 동전 두 닢뿐이어서 아주 작은 등불을 사서 구석진 길가에 달았다. 밤이 깊어지자 제자 아난다는 다른 제자들과 함께 스승이 잠들 수 있도록 등불을 끄기 시작했는데 아무리 꺼도 난타의 등불은 꺼지지 않았고 오히려 더 밝게 빛나기만 했다.

그가 아난다에게 말했다.

"아난다야, 그 등불을 끄지 말아라. 마음씨 착한 난타가 착한 마음으로 켠 등은 결코 꺼지지 않는다. 난타는 바로 저 등불을 켜는 마음으로 깨달음을 얻을 것이다."

난타는 아주 작은 등불이 꺼지지 않고 홀로 불을 밝히고 있으니 무척 기뻐했다.

하리티라는 여자가 있었다. 그녀는 자식이 많았지만 아이들을 너무 좋아해서 남의 집 아이를 몰래 데려와 키우기도 했다. 그가 이를 알고는 제자를 시켜 하리티가 집을 비운 사이 그녀의 막내아들을 몰래 데려오게 했다. 아들을 잃은 하리티가 미친 듯이 아기를 찾아 헤매다가 그를 찾아왔다.

"집을 비운 사이에 누가 아기를 데리고 갔습니다. 너무 괴로워서 부처님을 찾아왔습니다."

"집을 왜 비웠는가?"

하리티는 대답하지 못했다. 다른 아이들을 훔치러 갔기 때문이다. 그는 하리티에게 막내아들을 내주며 말했다.

"하리티야, 다른 어머니도 아기를 잃으면 너처럼 괴로워한다는 것을 이제 알겠느냐? 나쁜 짓을 되풀이하면 그 벌을 피할 길이 없다."

하리티는 그 순간 알았다. 남의 아이를 훔치는 버릇이 얼마나 잘못된 것인지. 훔쳐서 키우고 있던 아이들도 부모 품으로 돌려보낸 하리티는 두 번 다시 잘못을 되풀이하지 않았다.

그는 아침이면 먹을 것을 구하기 위해 수행자들과 슈라바스티 거리로 탁발을 나갔다. 거리에서 파라트파차라는 욕쟁이가 그를 향해 마구 욕을 해 대기 시작했다. 파라트파차는 욕설을 하며 흙을 한 주먹 쥐고 그를 향해 뿌렸지만 맞은편에서 바람이 불어와 흙먼지는 욕쟁이가 뒤집어쓰고 말았다. 그러자 주변에서 구경을 하고 있던 사람들이 웃었다.

그는 파라트파차에게 타일렀다.

"너를 화나게 하거나 원한이 있는 사람에게 욕을 하거나 증오하는 마음을 품어서는 안 된다. 몸과 마음이 맑은 사람에게 욕을 하면 바람을 거슬러 흙을 뿌리는 것처럼 그 허물은 오히려 자기에게 돌아간다."

파라트파차는 이 말을 듣고 무릎을 꿇고 자신의 잘못을 뉘우쳤다.

한번은 핀키가라는 젊은이가 기원정사로 찾아와 그에게 욕설을 퍼붓기 시작했다. 이 젊은이는 '불의 신'을 믿는 자신의 친구들이 그의 제자가 되어 버려서 몹시 화가 났다.

그는 핀키가에게 물었다.

"그대 집에도 손님이 찾아오는가?"

"그렇소. 손님이 오면 맛있는 음식을 대접합니다."

"그 손님이 음식을 먹지 않으면 누가 먹는가?"

"당연히 내가 먹지요."

"핀키가여, 오늘 그대는 나에게 욕설로 차려진 음식을 대접하려 했지만 나는 그것을 받고 싶지 않구나. 그래서 모두 그대의 것이 되었구나. 내가 만약 화를 내며 똑같이 욕을 했다면 손님과 주인이 서로 음식을 나누는 꼴이 되겠지만 나는 그렇게 하고 싶지 않다."

핀키가는 욕설을 퍼부어도 조금도 동요하지 않고 고요히 말하는 그의 모습에 놀랐다. 그는 자신의 잘못이 무엇인지 알게 되었다.

그가 말했다.

"핀키가여, 나쁜 말을 들은 이는 누구나 보복하려 하니 누구에게도 가혹하게 해서는 안 된다. 독한 마음을 품고 하는 말이 고통의 원인이며 그 대가는 바로 자신에게 돌아오리니. 분노는 불길과 같아서 화를 내면 타오르고 참으면 사그라드는 것이다."

그는 핀키가에게 이어 말하기를 깨달음의 마음에 머물러 있으면 비록 나쁜 사람이 화를 내더라도 산처럼 마음이 움직이지 않는다고 전해 주었다.

슈라바스티 사람들 가운데에는 앙굴마라라고 하는 이가 있었다. 원래 이름은 누구도 해치지 않는다는 뜻의 아힘사카였다. 아힘사카는 바라문인 마니발타다라의 제자로, 스승의 말이면 무엇이든지 믿고 따르는 우직한 젊은이였다. 그런데 스승의 부인이 제자를 유혹하려다가 말을 듣지 않자, 오히려 스승에게 아힘사카가 자신을 욕보이려 했다고 모함을 했다.

화가 난 스승이 아힘사카를 불렀다.

"아힘사카, 너는 하늘에 태어나는 것이 소원인가?"

"그렇습니다, 스승님."

"그러면 너에게만 비밀스러운 방법을 가르쳐 주마."

"하루해가 지기 전에 사람 백 명을 죽여 그 손가락으로 목걸이를 만들면 너는 하늘에 다시 태어날 것이다. 특히 모든 이들로부터 존경을 받고 있는 여래를 마지막에 죽여 손가락 목걸이를 만든다면 최고로 아름다운 하늘에 태어날 것이다."

스승의 말을 들은 아힘사카는 바로 칼을 들고 나가 미친 듯이 사람을 죽여 손가락을 잘라 엮었다. 사람들은 겁에 질려 달아났다. 사람들은 아힘사카를 손가락을 목에 걸고 다니는 살인자라는 뜻으로 앙굴마라라고 불렀다. 군사들이 몰려오자 아힘사카는 손가락 목걸이를 움켜쥐고 숲으로 달아났다. 그 소식을 들은 그는 제자들이 만류하는데도 아랑곳하지 않고 숲으로 갔다. 앙굴마라는 그를 죽이려 칼을 들고 달려갔다.

앙굴마라는 그를 향해 "멈춰라!" 하고 고함을 지르며 달려갔으나, 아무리 해도 그와의 거리가 좁혀지지 않았다.

그가 말했다.

"나는 멈추었는데 너는 아직도 멈추지 못하는구나."

"무슨 소리냐? 너는 계속 도망가면서 나를 보고 멈추지 못한다는 소리를 하느냐?"

"나는 해치려는 마음을 모두 멈추었는데 너는 여전히 해치려는 마음을 멈추지 못하고 있구나. 나는 진리에 멈추어 있는데 너는 나쁜 짓도 멈추지 못하고 고통도 멈추지 못하고 잘못된 환상 속으로 달려가고 있구나."

그 말을 듣자 앙굴마라는 털썩 무릎을 꿇었다.

그는 말했다.

"아힘사카, 이리 오너라. 너는 잘못된 생각에 휩싸여 남을 해치고 탐욕과 어리석음에 묶여서 긴긴 고통에 얽매여 있구나."

동쪽 하늘이 밝아 올 무렵 앙굴마라였던 아힘사카는 진리에 눈을 뜨고 그의 제자가 되었다. 그는 앙굴마라를 강물에 목욕시킨 뒤 기원정사로 데리고 왔다.

사람들은 살인마였던 아힘사카가 거리로 탁발을 나가면 침을 뱉고 몽둥이로 때리고 돌을 던져 대었다. 몽둥이로 내려치는 사람도 있었다. 아힘사카는 피투성이가 되어 기원정사로 돌아왔다.

그는 아힘사카를 연못으로 데리고 가 몸을 씻겨 주며 말했다.

"아힘사카여, 이것을 참아 내지 않으면 안 된다. 사람들의 분노와 원망이 한없이 크구나."

"여래시여. 제가 흘리는 피는 지난날의 잘못을 녹이는 것입니다. 누구도 원망하지 않고 미워하지 않으며 제 잘못이 다하도록 수많은 고통을 받을 것입니다. 오직 고요히 깨달음을 얻을 때를 기다릴 뿐입니다."

그는 아힘사카의 등을 두드리며 참으로 훌륭하다고 말했다.

슈라바스티는 인도 전역에서 수많은 상인이 거쳐 가는 곳이었다. 간다라로 이어지는 서북쪽에서 서역의 상인들이 들어왔다. 슈라바스티의 동쪽은 쿠시나가르, 웨살리를 거쳐 마가다국의 수도 라자그리하로 연결되었다. 남쪽과 동쪽 사이에는 그가 깨달음을 얻은 뒤 처음으로 가르친 바라나시로 이어지는 길이 있었다. 슈라바스티에는 수많은 상인들이 가져온 물건들이 가득했다.

북쪽 코살라국의 왕 파세나디는 깨달은 자가 있다는 소문을 왕비 말리카에게서 듣고 슈라바스티의 기원정사를 찾아왔다. 말리카는 틈만 나면 왕에게 그를 일러 "최고의 지혜를 이룬 분"이라고 말했으나 왕은 거리에 흘러 다니는 이상한 소문을 들었다. 한 바라문이 아들을 잃고 슬퍼해서 그를 찾아갔는데 그가 "사랑스럽고 기쁜 일이 있으면 이는 반드시 근심하고 슬퍼하는 일이 생긴다."라고 말했다는 것이다. 사랑하면 반드시 기쁘고 행복한 일이 생기지 슬픈 일이 생길 수가 없는 법이라고들 알고 있는데, 어찌 근심하고 슬퍼하는 일이 생긴다는 것인지 믿을 수가 없었다.

왕이 말리카에게 이 소문에 대해 어떻게 생각하느냐고 묻자 말리카는 딱하다는 듯이 대답했다.

"왕께서는 저를 사랑하십니다. 그런데 제가 죽으면 얼마나 슬프고 괴롭겠습니까? 왕이 사랑하는 왕국을 누군가가 빼앗아 버린다면 얼마나 고통스럽겠습니까? 바로 이것이 사랑과 행복이 근심과 슬픔의 씨앗이 된다는 뜻입니다."

이 말을 듣고 나서 왕은 황금으로 장식한 코끼리를 타고 그를 찾아갔다. 그는 왕을 보고도 일어나지도 않았다. 왕은 그의 나이가 많아 보이지도 않는데 최고의 깨달음을 얻었다는 게 여전히 믿어지지 않아서 그에게 물었다.

"내가 아는 많은 수행자는 오랜 세월을 수행한 이들입니다. 당신은 아직 젊은데 어찌 그리 자신만만하십니까?"

"왕이여, 나는 알아야 할 바를 알았고 닦아야 할 바를 닦았다. 그리하여 더없이 높고 바른 깨달음을 얻었다. 왕자와 독사, 불씨와 수행자는 아무리 작아도 조심히 다루어야 한다. 왕자는 나중에 왕이 되고, 독사는 어려도 독이 있으며, 불씨를 그냥 두면 집과 산을

세상 속으로

9

다 태우고, 수행자는 부지런히 지혜를 닦으면 반드시 깨달음을 얻느니라. 그러므로 진정한 깨달음은 감추어져 있지 않은 법이다. 이는 아무리 작다 해도 태양과 달이 스스로 빛나는 것과 같은데, 왕이라도 이를 알지 못하고 보지도 못한다면 이는 장님과 다를 바가 없다."

그 말을 들은 파세나디 왕은 무릎을 꿇고 그의 신자가 되었다. 그는 왕에게 일렀다.

"좋은 열매를 따려면 좋은 나무를 심고 부지런히 가꾸어야 한다. 자비로운 마음으로 백성을 보살펴야 하고 잘못된 생각으로 교만하지 말고 남을 얕보지 말라. 왕이든 거지든 항상 바르게 해야 죽음이 다가왔을 때 두렵지 않다. 이 세상은 더없이 빨리 변하고 권력과 부귀영화도 아침 이슬과 같은 것이니."

파세나디 왕은 살인마 앙굴마라가 그의 제자가 되었다는 것을 알고 도무지 믿기지 않아서 다시 그를 찾아왔다.

왕이 그에게 물었다.

"어찌 살인마를 제자로 거두십니까? 살인마는 죗값을 치러야 합니다. 그 자리에서 처형해야 합니다. 여래시여, 살인마가 어찌 제자가 될 수 있단 말입니까?"

그는 왕의 손을 잡아 나무 밑에서 명상을 하고 있는 수행자에게로 데리고 갔다. 그가 왕에게 "이 사람이 바로 앙굴마라, 아힘사카"라고 말하자 왕은 깜짝 놀랐다. 나무 아래 깊은 명상에 빠져 있는 모습이 고요해서 도무지 살인자의 모습이라고는 믿기지 않았다.

아힘사카가 파세나디 왕에게 말했다.

"사람을 죽여 그 손가락으로 목걸이를 만든 앙굴마라가 바로 저입니다."

그가 왕에게 말했다.

"왕이여, 갠지스 강과 야무나, 사라부, 마히 같은 큰 강물은 바다에 이르면 그 이전의 모든 이름이 사라진다. 바다의 파도에게 너는 갠지스 강에서 왔는지, 마히 강에서 왔는지 하고 출신을 따지는 것처럼 어리석은 일은 없다. 지위가 높고 낮고, 가난한 자며 부자도 이와 같이 여래의 법을 따라 수행하면 그 이전의 이름이 다 사라지는 것과 같다."

파세나디 왕은 그의 말을 듣고 아무 할 말이 없었다.

파세나디 왕은 몸집이 뚱뚱해서 늘 숨이 찼다. 맛있는 음식을 보면 참지 못하고 숨이 가빠질 때까지 먹었다. 왕은 마침내 몸집이 코끼리처럼 뚱뚱해지자 그를 찾아와 땀을 뻘뻘 흘리며 그에게 살을 빼는 방법이 없는지를 물었다.

그가 대답했다.

"사람은 마땅히 음식의 양을 헤아려서 먹을 때마다 절제할 줄 알아야 한다. 그래야 지나치게 먹는 것에서 오는 괴로움을 줄이고 몸을 튼튼하게 해서 오래 살 수 있는 법이다."

세상 속으로

9

왕은 그의 말을 듣고 시종 우타라에게 음식을 먹을 때마다 그의 말씀을 외워 달라고 했다. 그리하여 식사 때마다 음식을 줄여 나가자 몸매도 날씬해지고 얼굴도 맑게 돌아왔다. 왕은 너무 기뻐서 그가 있는 곳을 향해 절을 하며 외쳤다.

"여래께서 저로 하여금 음식의 양을 조절하게 해서 몸이 맑아졌으니 현세의 이익을 주셨고, 또한 맑은 정신으로 중도의 깨달음을 알게 하셨으니 다음 생의 이익을 함께 주셨습니다."

이런 왕의 모습을 본 신하 중에 이시다타와 푸라나 형제도 그의 제자가 되었다. 푸라나는 그의 가르침을 전하는 설법을 아주 잘해서 야만인들이 사는 슈로나라는 곳으로 가르침을 전하는 여행을 떠났다.

그는 푸라나의 여행을 말렸으나 푸라나는 이렇게 말했다.

"여래시여, 저는 말보다 행동으로 그들을 가르치겠습니다. 저의 가르침을 듣지 않는다면 제가 모욕 받지 않는 것을 고맙게 여기고, 다친다면 죽지 않는 것을 다행으로 여기며, 죽는다면 여래의 가르침을 펴기 위해 죽었으므로 영광으로 알겠습니다."

그때 그는 푸라나의 미래를 보았다. 내내 나고 태어나 괴로움의 길을 거듭하는 푸라나가 죽음을 통해 바로 영원한 깨달음을 얻는 모습을 보았던 것이다. 푸라나는 슈로나로 가서 그의 가르침을 전하다가 목숨을 잃었지만 마침내 그의 가르침을 따라 영원한 진리의 말씀을 얻었다.

그러나 그에게도 슬픔이 적지 않았다.

그가 가장 아끼던 제자 사리붓다가 마가다국의 작은 마을에서 그의 가르침을 전하다가 아파서 죽게 되었다. 옆에서 간호하던 어린 제자, 춘다가 사리붓다가 입었던 가사와 발우를 들고 그에게 찾아왔다. 춘다는 그를 만나자 펑펑 울기 시작했다. 아난다도 함께 울었다. 사리붓다는 그의 제자 가운데서도 가장 지혜가 높았다.

그는 두 사람의 등을 토닥이며 말했다.

"너희는 언제나 잊지 말아야 한다. 가까운 사람과는 헤어지기 쉽고 언젠가는 죽음으로 완전히 이별하게 된다. 아난다야, 저 나무를 보아라. 저 무성한 이파리 가운데 먼저 시드는 것이 있다. 그처럼 사리붓다도 먼저 이 세상을 떠난 것이다. 너희는 언제나 남에게 의지하지 말고 네 자신에게 의지해야 한다. 그리고 너의 깨달음에 의지하고 다른 것에 의지하지 말라."

사리붓다가 죽은 지 얼마 되지 않아 목갈라나가 죽었다는 소식이 전해졌다. 문득문득 그는 쓸쓸한 눈으로 제자들을 보았다.

"두 제자가 없으니 텅 빈 것처럼 쓸쓸하구나."

그도 슬프지 않은 것은 아니었지만 그 슬픔에 매달리지 않았을 따름이다. 그가 화려한 왕궁에서의 생활을 버리고 스스로 깨달음의

세상속으로

길을 나선 것도 바로 인생의 덧없음 때문이 아니었던가. 어려서 그를 키워 주었고 그의 뒤를 따라 수행자의 길을 걷던 마하파자파티 왕비도 세상을 떠났다.

슈도다나 왕이 죽은 뒤에 코살라 왕국이 코끼리 부대를 끌고 카필라 왕국을 쳐들어왔다. 자신의 나라가 망하는 것을 막아 보고 싶었던 그는 코끼리 부대가 쳐들어오는 길목에 나가 마른 나무 아래에 앉아 있었다. 당시 코살라의 젊은 왕 비루다카는 군사를 이끌고 쳐들어가다 그를 보고 물었다.

"여래께서는 나뭇잎이 무성한 나무도 많은데 어찌 이파리 하나 없는 고목나무 아래에 앉아 계십니까?"

"왕이여, 카필라 왕국이 망한다면 나의 친족이 하나도 없는 것과 같으니, 여기 그늘 없는 나무 아래 앉아 있는 것과 다른 것이 없지 않은가?"

젊은 왕은 군대를 돌려 돌아갔으나 얼마 있지 않아 또 카필라 왕국으로 쳐들어왔다. 그는 다시 길목의 나무 아래 앉아 있었고 왕은 이를 보고 되돌아갔다. 그러나 세 번째 코살라 왕이 쳐들어왔을 때 그는 나가지 않았다.

그는 깊은 탄식에 잠겨 말했다.

"전생에 진 빚은 어찌 할 수가 없구나."

자신이 태어난 나라가 망하자 그는 몹시 힘들어했다. 그는 아난다에게 물을 가득 떠 와 그의 이마에 뿌리도록 했다. 아난다가 물을 이마에 뿌리니 벌겋게 달아오른 쇳덩이에 물을 뿌린 것처럼 이마에서 김이 나며 끓었다.

10

영원한 곳에서
함께 만나다

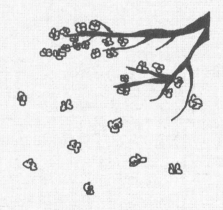

그는 인도 곳곳으로 가르침의 여행을 떠났다. 해가 갈수록 많은 이가 그의 가르침을 따랐다. 어느덧 그가 깨달음을 이룬 뒤 45년이 훌쩍 지나가고 있었다. 그가 웨살리에 머물 때였다. 그해 그곳에는 흉년이 찾아와 굶는 사람이 많았다. 그는 제자들에게 각자 머물 곳을 찾아 우기를 잘 견딜 것을 당부했다.

그는 제자들을 떠나보내고 아난다와 함께 벨루와가마로 갔다. 그는 그곳에서 심하게 앓았다. 아난다는 병으로 고통스러워하는 스승을 눈물로 지켰다. 그를 따르는 이들이 늘어나면서 그 가운데는 서로 질투하고 편을 갈라 싸움을 일삼는 이들도 적지 않아서 아난다는 걱정스러웠던 것이다.

"여래시여, 깊은 병으로 고통 받으시는 모습을 보니 몹시 슬프고 걱정스럽습니다. 여래께서 우리 교단에 대해 어떤 말씀도 없으셨으니 앞날이 너무 두렵습니다."

"아난다야, 나는 모든 것을 제자들에게 다 말했다. 가르치지 않은 것이 없다. 그러므로 여래 혼자서만 깨달음을 얻었다고 말하지 않는다. 너희도 다 여래이니라."

"아아, 여래시여. 여래께서 계시지 않는 교단은 생각할 수조차 없습니다. 우리를 가엾게 여겨 오래 세상에 머물러 주십시오."

그는 울음을 멈추지 않는 아난다의 얼굴을 물끄러미 내려다보며 말했다.

"아난다여, 이제 내 나이 여든이 되었다. 내 몸은 이제 임시로 고쳐 쓰는 낡은 수레처럼 간신히 움직이는구나."

"아아, 여래시여. 여래께서 계시지 않으면 우리는 무엇에 의지해야 합니까?"

"아난다여, 너는 언제나 네 자신을 믿고 너에게 의지해라. 오직 다른 것을 믿지 말고 네 자신에게 전념해야 한다. 깨달음을 등불로 삼고 깨달음에 의지해라. 깨달음 외에는 어떤 것에도 의지하지 말라. 자신과 법을 등불로 삼는다는 것은 자기의 몸을 깊이 관찰하고 마음을 다해서 육신을 벗어나는 것이다. 내가 떠난 뒤에도 마찬가지이다. 오직 가르침에 따라 깨달음의 길을 가는 이만이 참다운 수행자이다. 등이 너무 아프구나……."

그는 아난다를 시켜 웨살리에 흩어진 제자들을 불러 모으게 하고 웨살리 인근의 강당에서 마지막으로 가르침을 전했다.

"제자들이여, 여래의 가르침을 언제나 기억하고 헤아리고 분별하여 부지런히 공부하라. 세상은 덧없고 쉼 없이 바뀌니 무상하고 무상한 것이다. 이제 나는 살아 있을 날이 얼마 남지 않았다."

제자들이 이마를 땅에 부딪치며 슬퍼했다. 이들 가운데 아난다가 가장 슬피 울었다. 그는 제자들에게 말했다.

"울지 마라. 슬퍼하지도 마라. 세상에 한번 생겨난 것은 반드시 없어지기 마련이다. 사랑과 그리움은 덧없고, 한번 모이고 만난 것들은 언젠가 흩어진다. 그러므로 우리의 목숨도, 우리의 몸도 우리 것이 아니다. 오직 위없이 높고 귀한 깨달음만이 우리를 언제나 함께 있게 할 것이다."

그는 웨살리를 떠나 망고 나무 동산에 머물렀다. 그곳은 대장장이 아들 춘다의 땅이었다. 그가 왔다는 소식을 들은 춘다는 직접 그를 집으로 모시어 쌀밥과 귀한 버섯을 올렸다. 그것이 그에게는 마지막 음식이었다. 그는 춘다의 공양을 받고 제자들과 함께 쿠시나가르로 길을 떠났다.

제자 중에 한 사람이 물었다.

"여래께서는 하늘 위 아래 없이 귀한 분인데 어찌 하늘나라 약으로 치료하지 않으십니까? 그러면 당장이라도 몸을 회복하셔서 다시 우리를 가르치고 세상의 어리석은 이들을 인도하시지 않겠습니까?"

그는 빙긋이 웃으며 대답했다.

"내 마음은 언제나 평화롭지만 몸은 헌 집과 같구나. 이제 세상에 온 지 여든 해가 되었다. 그리고 마흔다섯 해를 인연이 닿은 사람들에게 어리석음을 버리고 깨달음을 구하는 길을 보여 주었다. 우리가 작별하는 이 순간이 고통스러워서 하늘의 도움을 받아 함부로 막아서도 안 되고 목숨을 더 이어서도 안 되는 법이다."

그들 일행은 천천히 걸음을 옮겨 노을이 지는 히란냐와띠 강을 건너 쿠시나가르에 도착했다. 그는 사라수 아래 누웠다. 나무에는 때 아닌 꽃들이 가득 피어 있었다.

그는 아난다에게 말했다.

"아난다야, 이제 우리에게 마지막 시간이 찾아왔구나."

아난다가 울면서 그가 떠난 다음의 장례 절차에 대해 물었다. 그는 화장을 한 다음 사리를 거두고 네거리에 탑을 세운 뒤 모든 이가 탑을 보게 하라고 말했다. 그의 열반이 가까웠다는 것을 아는 이들이 사라수 숲으로 몰려왔다. 이들 가운데 쿠시나가르의 한 늙은 바라문 수바드라가 그를 뵙기를 청했으나 아난다는 안 된다고 말했다. 아난다의 거절하는 목소리를 들은 그는 수바드라를 자신 앞으로 오게 했다. 그는 수바드라에게 더없이 높은 지혜를 얻기 위해 여덟 가지, 팔정도를 수행하라는 가르침을 전해 주었다. 수바드라는 그의 마지막 제자가 되었다.

그는 울고 있는 아난다를 불러 그 슬픔을 달래어 주었다.

"울지 마라, 아난다야. 너는 오랫동안 나에게 지극하게 대하였다. 열심히 공부해서 너는 머잖아 깨달음을 이룰 것이다. 언젠가 우리는 영원한 지혜의 뜰에서 함께 만날 것이다. 눈물을 거두어라."

그러나 아난다는 흘러내리는 눈물을 멈출 수가 없었다.

그는 제자들에게 마지막으로 깨달음에 대해 의심하거나 궁금한 것이 있으면 빨리 물어보라고 두 번이나 말했으나 제자들은 아무 질문이 없었다.

그가 마지막으로 말했다.

"세상에 변하지 않는 것은 없다. 게으름 없이 정진하라."

그가 눈을 감자 갑자기 땅이 뒤흔들리고 어둠이 대낮처럼 환하게 밝아졌다. 기원전 544년, 음력 2월 15일이었다. 하늘에서 꽃비가 쏟아졌다. 마하카사파가 뒤늦게 달려오자 신기하게도 그의 몸이 들어 있던 관이 열리고 그의 두 발이 나왔다. 마하카사파가 발에 이마를 대고 나자 그 발은 다시 관 안으로 들어가고 뚜껑이 닫혔다. 그의 관이 장작더미에 놓이고 불이 붙었다.

선재는 그의 이야기를 듣다가 나무 불상 아래서 달이와 함께 잠이 들었다. 꿈을 꾸는지, 선재는 웃음을 짓기도 하고 두 손을 모아 가슴에 품기도 했으며, 무슨 말인가를 중얼거리기도 했다. 나무 불상은 빙그레 웃으며 선재와 달이의 잠든 모습을 가만히 내려다보고 있었다.

자네,
날 모르겠는가

선재는 할머니와 함께 긴 강둑을 걸어갔다. 할머니는 조금도 아픈 듯이 보이지 않았다. 강둑에는 노랗고 빨간 꽃들이 수없이 피어 있었다. 할머니 두 발에는 흰 고무신이 신겨져 있었다. 달이도 힘이 나는지 풀쩍풀쩍 뛰며 앞서 달렸다. 그리고 그 옆에는 나무 불상이 두 사람과 함께 걸어가고 있었다. 할머니는 두 팔을 앞뒤로 씩씩하게 흔들며 나비처럼 가볍게 걸었다.

"아이고, 우리 나무부처님. 신발 가게 주인이 흰 고무신을 구해 주었으니 듣고 싶어 하는 이야기를 우리 다 같이 가서 들려주어야겠습니다. 우리 선재도 얼마나 이야기를 잘하는지 몰라요."

"그렇구나. 그러면 선재가 내 이야기도 다 들었으니, 신발 가게에 가서 멋진 이야기를 들려주렴."

"그럼요, 그럼요. 나무부처님!"

선재는 도무지 구할 수 없었던 흰 고무신을 신발 가게 아저씨가 구해 준 것이 정말 고마웠다. 그들은 신발 가게로 갔다.

선재가 말했다.

"아저씨, 아저씨. 흰 고무신을 구해 주셔서 정말 고맙습니다. 제가 할머니 대신 듣고 싶은 이야기를 해 드릴게요. 할머니 이야기할 때처럼 놀라지 마세요."

신발 가게 아저씨는 이마에 달린 까만 점이 흔들리도록 웃었다.

선재는 이야기를 하기 시작했다.

어느 스님이 높은 뜻을 세우고 산속에서 쉼 없이 공부를 하고 있었습니다. 금방이라도 쓰러질 듯이 허물어져 가는 절에서 하루 한 끼로 겨우 배고픔을 달래 가며, 괴로움의 사슬을 끊고, 나고 늙고 병들고 죽는 일도 없는 큰 깨달음의 길을 찾아 나서느라 밤낮 끊임없이 용맹 정진을 하였습니다. 계절이 바뀌는 것도 잊고, 비가 오는지 바람이 부는지 눈보라가 치는지 꽃이 어떻게 피고 지는지도 아랑곳하지 않았지요. 세상일이 어떻게 돌아가는지도 알 바 아니었습니다.

가뭄에 콩 나듯이 절에 찾아와 쌀 한 봉지, 보리쌀 한 됫박을 슬그머니 내놓고 가던 산 아래 마을 사람들도 점차 발길을 끊었습니다. 기와에는 다복솔이 가득 자라고, 처마 끝을 흘러내리던 빗물은 마침내 지붕을 타고 천장으로 스며들어 대웅전 부처님의 정수리에까지 흘러내렸습니다.

거미줄이 부처님 눈앞을 가리고 대웅전 문은 부서져 바람만 불면 을씨년스럽게 덜컹거렸습니다. 처마 끝에 매달린 풍경은 녹슬어 소리마저 갈라지고 희미해져 갔지요.

수행을 거듭하던 스님은 날로 절이 허물어져 가고 있으니 자칫하면 대웅전이 무너져 버릴까 걱정이 되었습니다. 그래서 수행을 잠시 멈추고 먼저 무너져 가는 절을 고친 뒤에 공부를 하리라 생각하고 절을 수리할 돈을 구하기 위해 탁발을 나섰습니다.

산을 내려가 시장 거리로 들어서니 비로소 그는 사람들이 발길을 끊은 까닭을 알 수 있었습니다. 흉년이 내리 3년이나 들어 사람들은 풀뿌리를 캐어 삶아 먹으며 굶주림을 달래고 있었습니다. 얼굴은 누렇게 붓고 배는 올챙이처럼 튀어 오른 아이들이 배고프다며 울고 있었습니다. 그러니 발이 부르트도록 돌아다녀 보아도 절을 수리할 비용은커녕, 끼니를 이을 양식도 구하기 어려웠습니다.

어느 날, 그는 큰 기와집 앞에서 목탁을 치고 불경을 외우며 서 있었습니다. 주인이 시끄럽다며 구정물을 그에게 퍼부었습니다. 그가 문전박대를 당하고 말없이 돌아서려는데 그 집의 머슴이 뒤따라 나왔습니다.

머슴은 환하게 웃으며 "스님, 스님." 하고 불렀습니다.

스님이 돌아다보니 머슴은 "제가 10년 동안 모은 새경이 있는데 그걸로 절을 고치면 되지 않겠습니까?" 하고 선뜻 돈을 내놓는 것이었습니다. 스님은 머슴이 준 새경을 비용으로 삼아 절을 수리하기 시작했습니다. 비용을 아끼느라 직접 단청을 칠하고 문을 고치고 기와를 이고, 부처님에게 금물도 입혀 드렸습니다. 그렇게 절을 수리하는 데 꼬박 3년이 걸렸습니다.

절을 말끔하게 수리하고 난 스님은 10년 동안 모은 새경을 서슴없이 내준 머슴에게 가장 먼저 절을 보여 주고 싶어 그 부잣집으로 찾아갔습니다. 그런데 머슴을 찾을 길이 없었습니다.

마을 사람들에게 물어보니 그들은 다들 빈정거리며 이야기했습니다.

머슴은 스님에게 시주를 하고 난 뒤 첫해에 눈이 멀고, 둘째 해에는 귀가 멀고 벙어리가 되더니 3년째에는 허리가 굽어 꼽추가 되었고 마침내 앉은뱅이까지 되었다고 했습니다. 부잣집 뒤편 헛간에 가면 그 속에서 주인이 던져 주는 음식으로 겨우 살아가고 있었는데 아직 살아 있는지 모르겠다고 마을 사람들은 말했습니다.

스님이 헛간으로 찾아가니 캄캄한 어둠 속에 짐승 같은 몰골을 한 사람이 웅크리고 있었습니다. 바로 그 머슴이었습니다. 스님은 그를 업고 절로 돌아왔습니다. 그의 온몸에서 고름이 새어 나왔습니다. 스님은 그를 깨끗이 씻기고 새 옷으로 갈아입혔습니다. 그리고 금물을 입힌 부처님 앞으로 데리고 갔습니다. 참으로 원망스러웠지요. 어떻게 부처님이 이럴 수가 있나 싶었습니다.

머슴의 시주가 아니었으면 절이 무너져 버렸을지도 모르는데 이렇게 큰 고통을 안겨 주다니 말입니다. 끼니도 잇기 어려운데 어느 누가 10년을 벌어 모은 재물을 미련 없이 시주할 수 있는지. 누구나 애써 모은 재물이 다 소중한 법이고, 누군들 행복하고 싶어 하지 않겠습니까.

머슴이 내리 3년간을 덮쳐 오는 육신의 불행을 어떻게 고스란히 감당했는지를 생각하니 스님은 가슴이 아팠습니다. 그는 부처님을 향해 사정없이 원망하기 시작했고 울분이 걷잡을 수 없이 솟아올랐습니다. 마침내 그는 자신도 모르게 들고 있던 목탁을 부처님을 향해 힘껏 던져 버리고 말았습니다. 목탁이 부처님의 얼굴에 맞더니 그만 부처님의 목이 탁 부러지고, 그 속에서 시뻘건 불길이 솟구쳐 올랐습니다. 불길은 울음을 터뜨리는 스님과 스님의 품에 아기처럼 안겨 있는 머슴과 3년을 수리했던 절을 파묻고 말았습니다. 재만 남아 버렸지요.

그리고 오랜 세월이 흘렀습니다.

그 스님은 세상에 다시 태어나 또 스님이 되었습니다. 그가 탁발을 나가는 길에 왕자의 첫돌을 축하하는 임금의 행차가 멀리서 오고 있었습니다. 임금의 축하 행렬에 길에 서 있는 모든 이가 엎드려 고개를 숙였습니다. 스님도 엎드려 고개를 숙이고 축하 행렬이 지나가기를 기다렸습니다. 고개를 숙이고 있는 그의 앞에서 행렬이 멈춰 서고 누군가 다가오더니 그의 어깨를 탁 쳤습니다. 스님이 얼굴을 들자 갓 돌을 지난 어린 왕자가 그를 보고 환하게 웃으며 말했습니다.

"자네, 날 모르겠는가?"

할머니가 점박이 아저씨의 어깨를 툭 쳤다. 점박이 아저씨는 또 깜짝 놀랐다. 그때 나무 불상이 선재의 어깨를 탁 쳤다. 그리고 그는 할머니와 신발 가게 아저씨의 어깨도 탁 쳤다.

선재는 놀라서 잠에서 벌떡 일어났다.

꿈이었다.

가게 문을 두드리는 소리가 들렸다. 선재는 2층 창문을 열고 내다보았다. 가게 문 앞에는 신발 가게 점박이 아저씨가 서 있었다. 점박이 아저씨는 가슴에 새 흰 고무신 한 켤레를 품고 있다가 선재가 문을 열어 주자 펄쩍펄쩍 뛰듯이 말했다,

"선재야, 선재야. 정말 신기한 일이 다 있구나. 저번에 내가 신발 공장에 알아본다고 했지 않니. 그런데 말이다. 신발 공장 사장이 할머니 발 크기에 딱 맞는 흰 고무신을 한 켤레 직접 만들어서 보냈구나. 내 전화를 받고 나서부터 날마다 꿈속에서 나무부처님이 나타나서 할머니 발에 맞는 흰 고무신을 만들어 달라고 부탁하셨다는구나. 이것 좀 봐. 210밀리미터, 딱 맞다. 빨리 가서 할머니에게 신겨 드리렴. 내가 말이다, 할머니를 등에 업고 너희 집으로 오는 꿈도 꾸었단다. 같이 가 보자."

선재는 흰 고무신을 받아 나무 불상 앞에 가지런히 올려 두었다.

나무 불상이 선재를 물끄러미 내려다보며 무슨 말인가를 하는 것 같았다.

선재는 귀를 기울였다.

"장롱에 보면 할머니가 만들어 둔 흰 무명옷 한 벌이 있단다. 가지고 가서 입혀 드리려무나."

그의 목소리는 깊은 산속에서 일어나는 메아리처럼 울려 나왔다.

선재는 장롱을 열고 분홍 보자기에 싼 흰 무명옷 한 벌을 품고, 흰 고무신을 들고 병원으로 갔다. 점박이 아저씨가 따라왔다.

할머니는 눈을 감고 가늘게 숨을 쉬며 누워 있었다.

"할머니, 이제 흰 고무신 신고 집으로 가요."

할머니가 눈을 뜨고 빙그레 웃었다. 선재는 할머니에게 흰 고무신을 신겨 주었고 환자복을 벗기고 흰 무명옷으로 갈아입혔다. 의사와 간호사들, 간병사들이 물끄러미 그 모습을 보았다. 점박이 아저씨가 병실로 들어와 할머니에게 등을 내밀었다. 병원에서 집까지 걸어가면 10분도 걸리지 않는 거리였다. 그들은 집으로 다시 돌아왔다.

할머니는 나무 불상 아래 마루에 눕혀 달라고 말했다. 할머니가 눕자, 달이가 할머니 옆에 엎드렸다. 햇빛이 길게 마루를 지나와 할머니와 달이를 비춰 주었다.

"선재야, 이별을 슬퍼하지 마라."

나무 불상이 말했다.

할머니가 고개를 끄덕이며 선재의 손을 꼭 잡고는 말갛게 웃었다. 선재가 차가워지는 할머니의 두 손을 모아 가슴에 품자 할머니는 길게 숨을 내쉬더니 스르르 눈을 감고 다시는 눈뜨지 않았다. 달이도 할머니 곁에서 움직이지 않았다.

창밖으로 봄눈이 소복소복 내리고 있었다.

갑자기 마루 안에서 꽃냄새가 가득히 솟아올랐고, 열어 둔 창문 안으로 흰 나비 떼가 수없이 날아 들어왔다.

부록

부처님 진리를 깨달은 사람, 붓다, 불타와 같은 뜻이며 이 세상에서 가장 귀하고 훌륭한 분이라는 뜻에서 세존이라고 한다.

여래 진리의 세계에서 오신 성자라는 뜻으로 부처님을 이르는 말이다. 불타, 세존과 뜻이 같다.

공양 부처님이나 스님에게 꽃, 과일, 등불, 향을 올리거나 책, 약, 옷, 음식을 드리는 것.

자비심 남을 불쌍히 여기고 아끼며 사랑해 주는 마음.

108배 마음에 일어나는 백여덟 가지 괴로움을 끊고 마음을 비우기 위해 백여덟 번 하는 절.

마하카사파 마하(위대한)가섭으로 잘 알려져 있다. 부처님의 법을 이어받은 제자로 위대한 카사파로 불린다. 부처님의 제자 가운데 카사파라는 이름을 가진 이가 많다.

샤카족 싯다르타가 태어난 부족으로 지금의 네팔, 히말라야 기슭에 살았다. 한자어로는 석가족이라고 하며 석가모니는 석가족 사람에게서 태어난 거룩한 성자(모니)라는 뜻이다.

카필라국 샤카족이 세운 나라로 히말라야의 기슭에 있었다.

코살라국 당시 인도에서 가장 무력이 세고 땅이 넓은 나라.

슈라바스티 코살라국의 수도로 사위성이라고도 한다. 당시 고대 인도의 무역 중심 도시.

웨살리 갠지스 강가의 도시로 부처님이 열반한 뒤 불교가 크게 일어났던 곳
이다.

라자그리하 마가다국(마갈타국이라고도 한다.)의 수도로 왕사성이라고도 한다.

가야산 싯다르타가 수행하던 산으로 코끼리 산이라고 한다. 깨달음을 얻은
장소인 보드가야는 이 산의 남쪽에 있다.

데바다타 부처님의 사촌 동생으로 부처님을 없애고 교단을 차지하려고 애쓰
다가 잘못을 뉘우치고 죽었다.

라훌라 부처님이 수행자가 되기 전에 야수다라 공주와의 사이에서 낳은 아
들로 장해물이라는 뜻을 가지고 있다. 부처님의 으뜸가는 제자가 되었다.

아누루타 아나율이라고도 한다. 부처님의 제자로 눈이 멀었으나 마음속 지
혜의 눈이 영롱했다고 전한다.

사리붓다 제자 가운데 가장 지혜가 높았으며, 사리불이라고도 한다.

목갈라나 목련 존자로 널리 알려져 있으며 효심이 깊고 신통력이 뛰어났다.

사성제 고통, 집착, 소멸, 소멸의 실천(깨달음). 인생의 모든 문제를 해결하기

위한 네 가지 진리.

팔정도 더없이 높고 바른 깨달음에 이르는 여덟 가지의 실천 방법. 정견, 정
사유, 정어, 정업, 정명, 정정진, 정념, 정정.

합장 두 손바닥을 가슴에 모으는 것으로 존경하는 마음을 나타낸다. 두 손

바닥과 열 손가락이 가지런히 붙어야 한다.

사리 죽은 후 시신을 불태운 뒤에 나오는 영롱한 구슬로 깨달은 이에게서 나온다.

열반 모든 욕심과 미움이 없어진 상태를 이르며, 깨달은 이의 죽음을 이르는 말이다.

●**불교의 성스러운 세 나무**

무우수 마야 왕비가 룸비니 숲의 이 나무 아래서 싯다르타를 낳았다. 아소카 나무라고도 한다.

보리수 본래는 핍팔라 나무라고 했는데 이 나무 아래서 깨달음을 얻었으므로 보리수라고 한다. 한국에도 많이 있는 나무.

사라수 부처님이 쿠시나가르의 사라수, 두 나무 사이에서 열반하셔서 사라쌍수라고도 한다.

●**불교의 4대 명절**

음력 4월 8일 싯다르타가 태어난 날, 부처님 오신 날로 불린다.

음력 2월 8일 싯다르타가 진리를 깨닫기 위해 왕궁을 떠난 날로 출가재일, 또는 출가절이라고 한다.

음력 12월 8일 부처님께서 진리를 깨달은 날로 성도절, 성도재일이라고 한다.

음력 2월 15일 부처님께서 열반에 드신 날로 열반절, 열반재일이라고도 한다.

● 불교의 4대 성지

룸비니 히말라야 산으로 가는 길에 있으며 현재 네팔에 있다. 부처님이 태어나신 곳.

보드가야 부처님이 깨달음을 얻은 곳.

바라나시 부처님이 처음으로 설법하신 곳.

쿠시나가르 부처님이 열반에 드신 곳.

세계 4대 성인의 한 사람으로, 불교의 창시자이자 과거칠불(지난 세상에 나타
난 일곱 부처)의 일곱 번째 부처이다. 현재 네팔 남부와 인도의 국경 부근인 히말
라야산 기슭의 카필라국의 아버지 슈도다나 왕과 어머니 마야 부인 사이에서
왕자로 태어났다.

기원전 624년 음력 4월 8일. 해산을 위해 친정으로 향하던 마야 부인이
룸비니 동산에 이르렀을 새벽, 갑자기 붉고 푸른 꽃비가 하늘에서 쏟아지면서
왕비의 옆구리에서 태어났다. '원하는 모든 것을 이룬다'는 뜻을 가진 싯다르
타로 불렸으며, 본래의 성은 고타마이다. 학문과 무술에 두루 뛰어났으며, 모
든 이들의 부러움을 받는 화려하고 풍요로운 삶을 살던 그는 늙고 병들고 죽
음에 이르는 고통에 대한 생각에 깊이 빠져들었고, 이를 걱정한 슈도다나 왕은
그가 열아홉이 되었을 때 야수다라 공주와 결혼을 시켰다. 결혼한 후 10년이
지났을 때 그의 아들이 태어났는데, 그는 깨달음을 얻고자 하는 자신의 길이
방해를 받을까 봐 장애물이라는 뜻의 '라훌라'라는 탄식을 내뱉었고, 이것은
아들의 이름이 되었다.

스물아홉이던 기원전 595년, 싯다르타는 야수다라 공주와 갓 태어난 아
들 라훌라를 두고 깨달음을 얻기 위해 출가를 했으며, 박가바, 칼라마, 웃다카
세 명의 스승을 찾아가 깨달음을 얻고자 했으나 뜻한 바를 이루지 못해, 그들
을 떠나 홀로 가야산 숲으로 들어갔다.

기원전 589년 음력 12월 8일 새벽, 6년간의 고행 끝에 그는 마침내 보리

수 아래서 깨달음을 얻게 되었다. 이로써 그는 깨달은 이, 잠에서 깨어난 사람의 뜻을 가진 붓다, 부처가 되었다. 그는 49일 동안 네란자라 강가의 숲에서 고요히 깨달음의 즐거움을 누린 뒤, 함께 수행했던 다섯 수행자들이 있는 바라나시의 녹야원으로 찾아가 그 깨달음을 전했다. 이것이 그의 첫 설법이었으며, 그가 전한 깨달음의 내용은 사성제와 팔정도이다.

사성제란 영원히 변하지 않는 네 가지 성스러운 진리로, 고제(苦諦), 집제(集諦), 멸제(滅諦), 도제(道諦)를 이른다. 고제는 현세의 삶이 곧 고통이라는 진리이고, 집제는 괴로움의 원인은 끝없는 애집(愛執)에 있다는 진리이며, 멸제는 이러한 모든 욕망에서 벗어나 괴로움이 소멸한 열반의 경지를 이상이라고 이르는 진리, 마지막으로 도제는 번뇌와 업을 끊고 열반에 도달하는 길을 이른다. 팔정도는 이러한 깨달음과 열반으로 이끄는 올바른 여덟 가지 길을 말하며, 정견(正見, 바른 견해), 정사유(正思惟, 바른 사유), 정어(正語, 바른 말), 정업(正業, 바른 행위), 정명(正命, 바른 생활 수단), 정정진(正精進, 바른 노력), 정념(正念, 바른 마음 챙김), 정정(正定, 바른 마음 집중)이다.

수많은 제자에게 이러한 깨달음을 전하며 일생을 보낸 그는 기원전 544년 음력 2월 15일, 쿠시나가르 사라수 아래 누워 "세상에 변하지 않는 것은 없다. 게으름 없이 정진하라."라는 마지막 가르침을 남기고 여든의 나이에 열반에 들었다. 그가 눈을 감자 땅이 흔들리고 어둠이 대낮처럼 환하게 밝아졌으며 하늘에서 꽃비가 쏟아졌다.

● 기원전 624년 음력 4월 8일

인도 동북부 카필라 왕국에서 슈도다나 왕과 마야 왕비 사이에서 태어남.

● 기원전 618년

수많은 언어와 학문, 무술을 익힘.

● 기원전 605년

야수다라 공주와 결혼.

● 기원전 595년

아들 라훌라 태어남. 위없이 높고 바른 지혜를 얻기 위해 출가.

● 기원전 589년~588년

출가한 지 6년 만에 보리수 아래서 새벽별을 보고 깨달음을 얻음.
바라나시 녹야원에서 다섯 제자에게 가르침을 전함. 빔비사라 왕이 대나무 숲에
죽림정사를 지어 바침. 사리붓다. 목갈라나. 마하카사파가 제자로 들어옴.

● 기원전 587년

아들 라훌라 출가.

● 기원전 586년

수다타, 제타 동산에 기원정사를 세워 바침.

● 기원전 585년

웨살리의 전염병을 물리침.

● 기원전 584년

슈도다나 왕 죽음.

● 기원전 577년

아들 라훌라에게 세숫대야를 집어 던지며 진리를 가르침.

● 기원전 569년

아난다, 이때부터 열반에 들 때까지 25년간 부처님을 곁에 모심.

● 기원전 568년

살인마 앙굴마라를 가르쳐 제자로 받아들임.

● 기원전 562년

슈라바스티에서 우기 때 안거를 시작함. 이때부터 불교 교단에서 우기 때 3,
4개월간 머물러 수행하는 전통이 생김.

● 기원전 544년 음력 2월 15일

45년간 인도 북부 지역을 다니며 깨달음의 설법을 편 뒤 쿠시나가르 사라수
아래서 열반에 듦.

1. 선재의 할머니는 병원에 입원하시기 전, 새벽마다 108배를 하셨습니다. 절을
   108번을 하는 이유는 무엇이었나요? 3장 참고

2. 싯다르타는 무슨 뜻을 가지고 있나요? 4장 참고

3. 싯다르타는 모든 것을 다 가졌음에도 모두 버리는 삶을 선택했습니다. 어떤 생각이
   그런 선택을 하게 했나요? 5장 참고

4. 싯다르타는 깊은 명상 끝에 나고 늙고 병들고 죽는 이 굴레에서 벗어나지 못하는

까닭이 바로 괴로움, ○○ 때문임을 알게 됩니다. ○○에 들어갈 단어와 싯다르타가

깨달은 것의 내용을 본문에서 찾아 적어 주세요. 6장 참고

5. 붓다, 부처님이라고 부른 이는 누구이며 이것은 어떤 뜻을 가지고 있나요?

6장 참고

6. 부처님은 깨달음을 얻기 위해 중도를 배워야 한다고 했습니다. 중도에 대해서

본문을 인용하여 써주세요. 7장 참고

7. 붓다가 된 싯다르타는 깨달음의 지혜를 가르치기 위해 함께 수행했던 다섯 제자를

찾아갑니다. 그리고 그들에게 자신을 '여래'라고 부르라고 하지요. '여래'란 어떤

사람을 일컫는 말인가요? 7장 참고

---

8. 부처님이 숨을 거두기 전 제자들에게 남긴 마지막 깨달음의 이야기는

무엇이었나요? 10장 참고

---

* 읽고 풀기의 PDF는 blog.naver.com/totobook9에서

다운로드 받을 수 있습니다.

1. 눈과 귀, 코, 혀, 몸과 마음 이 여섯 가지와 세상의 색깔과 소리, 향기, 맛, 감촉,

   그리고 법칙, 이 여섯 가지가 부딪쳐서 그때마다 좋고, 나쁘고, 나쁘거나 좋지도

   않고, 괴롭고, 즐겁고, 내버려 두는 느낌으로 서른여섯 가지 복잡한 생각이

   생깁니다. 그것은 어제, 오늘, 내일 늘 생기는 것처럼 아주 오래전에도 있었고

   지금도 있고 아주 먼 내일에도 있어서 백여덟 가지 괴로움이 됩니다. 그래서

   108배를 하면서 그게 다 사라지게 해 달라고 지극하게 정성을 하나로 모으는

   것이지요.

2. 모든 것을 다 이루었다는 뜻입니다.

3. "화려한 궁전 속의 하루하루도 부질없고 사람들이 부러워하는 나의 이 빛나는

   몸도 무슨 의미가 있는가. 언젠가는 늙기 마련이고 병들어서 죽음을 피할 길이

   없지 않은가. 나는 늙음과 병듦, 죽음의 길을 결코 가지는 않겠다. 그 모든 것을

   초월해서 나고 죽는 모든 고통을 벗어나고 싶다."라는 생각을 한 싯다르타는 모든

   것을 버리고 출가를 결심합니다.

4. 번뇌.

   싯타르타는 "사람들은 왜 서로 미워하고 싸우는가? 자기만 이익을 더 많이 가지고

행복하려 하기 때문이다. 행복하려고 하는 것은 어리석기 때문이고 어리석음이

없어지면 싸움도 고통도 사라진다."라는 깨달음을 얻게 되었습니다.

5. 제석천왕은 싯다르타를 깨달은 이, 잠에서 깨어난 사람의 뜻을 가진 붓다,

부처님이라고 불렀습니다.

6. 중도는 진실한 깨달음에 이르는 여덟 가지 바른 길입니다. 바른 견해(正見),

바른 사유(正思惟), 바른 말(正語), 바른 행위(正業), 바른 생활 수단(定命), 바른

노력(正精進), 바른 마음 챙김(正念), 바른 마음 집중(正定)을 이릅니다.

7. 여래란 위없는 완전한 깨달음을 성취한 사람이며, 동시에 이 진리의 세계를

가르치는 사람입니다. 여래는 나고 늙고 병들어 죽는 이 길의 굴레를 벗어나서

해야 할 일을 다 마친 사람입니다.

8. "세상에 변하지 않는 것은 없다. 게으름 없이 정진하라."라는 말씀을 마지막에

남겼습니다.

참고도서

홍사성 지음, 《마음으로 듣는 부처님 말씀》, 장승, 2005

《부처님은 이렇게 말씀했다》, 장승, 1998

《나도 부처님이 될래요》, 불교시대사, 2013

고익진 편역, 《한글 아함경》, 담마아카데미, 2014

궁반유승 지음, 《부처님의 생애》, 안양규 옮김, 불교시대사, 1992

대한불교조계종교육원 부처님의 생애 편찬위원회 지음,

《부처님의 생애》, 조계종출판사, 2010

대해종고 지음, 《서장》, 지상 주해, 불광출판부, 1998

피야다시 스님 지음, 《부처님 그분 ─ 생애와 가르침》, 김재성 옮김, 고요한소리,

1992

오토가모 가쓰미 지음, 《새롭게 쓴 선종사》, 사토 시게키 옮김, 불교시대사, 1993

김호귀 엮음, 《금강경을 만나다》, 이담북스, 2011

트레버 링 지음, 《붓다, 마르크스 그리고 하느님》, 김형찬 옮김, 고려원, 1990

수렌드라나트 다스굽타 지음, 《인도의 신비사상》, 오지섭 옮김, 영성생활, 1997

루트비히 포이어바흐 지음, 《종교의 본질에 대하여》, 강대석 옮김, 한길사, 2013

문형렬 지음, 《동자승 말씀이 기가 막혀》, 도솔, 2007